無器用を武器にしよう

自分を裏切らない生き方の流儀

田原総一朗

青春新書
INTELLIGENCE

はじめに

今年、僕は89歳になった。

ここまで年を重ねてきたけれど、やはり、とことん無器用な人間だと思う。何かをバランスよくできる人じゃない。無器用だし、しかも、才能もない。

でも、これは僕の強みでもあると思っている。

器用にできない、才能がない、自信がない。だからこそ、いつも迷う。迷うから、直接人に会って、いろんな意見を聞きたいと思う。

たとえば、原子力発電を推進するか、反対するか。どちらにも言い分があり、どちらがいいのかは、僕だけじゃわからない。だから、推進派、反対派の両派に話を聞いてみる。ときには、両派を同じ場所に呼んで、話し合ってもらったりもする。その議論を聞いて、その上で自分の頭でとことん考える。

これをテレビでずっとやっているのが、朝生（『朝まで生テレビ！』）だ。こういうことを続ける中で、幸運にも、いろんな人に会うことができた。この経験がなければ、今の僕はいないだろう。

今は、インターネットがあるから、直接人に会わなくても、情報が簡単に手に入るようになっている。でも、今でも僕は、人に会うことをとても大事にしている。会って話すこと、一次情報にあたることこそが、真実に近づくことだから。

インターネットは便利だけれど、歪められた情報も数え切れないほどある。少し面倒くさくても、やはり、本人に会って、話すことで、はじめて得られるものがあるんです。

この本は、約30年前に刊行したものだけれど、僕が今大事にしていることと、当時話していたことが変わっていないことに、僕自身が驚いている。ここに書いてあることは、僕の核として変わらないことなのだろう。

これを機会に、自分の弱さやコンプレックスに悩む多くの人に、本書が届くことを願っている。

『無器用を武器にしよう』

目次

第3章 説得力とケンカ力

第4章

自分の敵

第5章

運を呼び込む人間

第6章 成績と能力の間違い

第7章 次の読み

第8章
情報はにおう

第9章
自分を生かす最終人脈

第10章 NOの言える鉄壁の人間関係

第11章

生き方はふたつ

第12章

マイペース頭脳

第1章

自分を出す

雑談は下手でいい

人に会うのが、いちばん好きでね。

今、生きているエネルギーのほとんどを、人と会うこと、つき合うことに費やしている

と言ってもいいかな。つき合わなければ情報は入ってきませんから。

でも人とつき合うというのは、コストの高いものです。こっちも死に物ぐるいの努力をしなきゃいけない。

時間・労力・おカネ――すべてがかかる。相手の指定した場所や時間どおり、僕はどこへでも飛んで行きますから。

だけど取材以外で人に会うのは、ちょっと苦痛でね。雑談はニガ手なんです。やっぱり情報収集とか取材という形じゃないと、どうもダメ。引っ込み思案になって、会うのもイヤになっちゃう。

昔から、あんまり熱心に学校へは行かなかったし、あんまり友達もいなかったし、アルバイトと寝ることだけ。だから人とのつき合いはヘタでね。飲み会とかパーティの類はほ

とんど行ったことがない。それでテレビの世界なんかに入ったんですから。ドキュメンタリーを作ったんです。

これは相手に完全に合わせる仕事。いかに自分が空気になれるか――。短いときでも1か月、長いときは1年も一緒に生活するわけですから。「邪魔にならないように付きまとう」って感じでしょう。そんな生活をずっとやってきたんだけど、途中からチョット手法を変えた。

つまり、空気のごとく付きまとうんじゃなく、むしろこっちが刺激を与えるんだと。意見を言い、文句を言い、挑発してね。

いかに自分が空気のようになろうとしても、そこにはマイクもあればカメラもあるわけでしょう。僕だけ空気になっても、相手は意識してますよ。

どうせ意識するのなら、むしろ意識させようじゃないかと。カメラやマイクや僕を意識させることを武器にして、相手に自己表現をさせたほうがいいと。そこが僕の取材の転換期ですかね。

「自分で確かめ確かめやっていかないとどうも信用できない」という性格と、もうひとつは「持って生まれた好奇心」。

この2つが混じり合って、それからの僕があるんだと思う。

だから今やっている取材というのは、仕事というより「生きる」そのもの。ちょうどメシを喰うようなもので、もっと大げさに言うなら、息をするように僕は人と会っているんだと思う。そうじゃなかったら仕事なんかやってる意味がない。

仕事のやり方には僕は2つあると思う。

ひとつは「仕事に自分を合わせるやり方」――今のサラリーマンの多くはわりあいこれだと思う。

ところがこれからは、「自分に仕事を合わせる」。

今、企業はみんなどうしていいかわからない。どうすりゃいいかって求めてる時代だから、自分のやりたいように会社や仕事を合わせてしまう生き方が、むしろ広がっていくんじゃないかな。

癒着は長続きしない

僕は興味のない人とは会わない。

テレビで会うにしても、相手のツマラナイ話にあたかも興味があるかのような顔をして、「面白いですね」なんて言いませんよ。面白くないときは、きっと僕はソッポを向いて、つまらなそうな顔をしてると思う。

こんなこと言うと怒られるかもしらんけど、政治家とか経営者の周りにはわりとイイ加減な人がいて、大したことも言わないのに感心したような顔して聞いてくれるわけ。

名前を出すと悪いから、ある経営者にしましょうか。その人に、

「あなたの経営の基本は何ですか」

と聞いたら、

「和の経営。これは親鸞だ」

と言った。だから僕は、

「あなたは社長をやめたほうがいい」

と言ってね。

「だって要するに儲けるためにやっているんでしょう。親鸞は儲けるためにやってないし、宗教心でやるならタダのほうがいいに決まってる」

生意気な！　と言われたけど、そうなると、もうケンカです。

そういうことはわりとあるんです。しばらくは会いません。ところが向こうも気になっているから、そのうち会う機会が出てくる。

というのは、基本的に僕は嫌いな人は取材しないから。批判するために取材したことはないんです。でもイイ加減なことを言われてあしらわれるような感じになると、ナニ言ってんだ！　となりますよね。そんなときはよく言いましたよ。

「あなたの言うことは実にツマンナイ。社員たちなら聞くでしょう。なぜなら、あなたに月給をもらっているわけだし、反論したら飛ばされるから。でもあなたの話に感心して聞いているんではなくて、あなたのポストが怖いから聞いてるだけです。僕はあなたから月給をもらってないし、怒られても怖くも何ともないから、ハッキリ言うけど」

取材って真剣勝負ですからね。土俵のうえで押して突いて張り手をかます――普通ならケンカになるけど、土俵のうえなら構わない。取材ってそんなものです。

相手に何でも言いたいから、僕は特別の関係、特別のネットワークは作らない。そりゃ政治家でも財界人でも知り合いはずいぶんいます。でもモノを頼んだり頼まれたりすることはない。それをやると、エージェンシーになっちゃう。それがいちばん怖い。

癒着から得た情報というのは、みんなオフレコ情報でしょう。

僕ら、オフレコ情報をもらったって仕方がない。

それが多くなればなるほど、人は寡黙になってくる。しゃべれないものね。それにもともとオフレコ情報なんて大したことないんです。

人と会うことは「生きる」そのものだと言ったけど、そこを間違えると生き方を間違える。癒着すると長続きしない。ネットワークは却って狭まってしまう。

これ、よく間違えるんです。ひとりと癒着したら、他の人はもう話してくれない。

たとえば僕はリクルートの江副[※1]さんもよく知ってる。でも彼は僕のとこへ株を持ってこなかった。持ってこられたら、たぶん困ったでしょう。断るのは難しいだろうなと思う。

問題は日頃から「あいつには持っていかないほうがいい」と相手に思わせる――これがジャーナリストとして長生きするコツだと思う。そういうことで得たネットワークは、本当のネットワークとは言えないからね。

僕もいくつかの勉強会には入っているんです。

ひとつは若手の学者や政治家が20人くらい。これはシンクタンクの研究。それからもうちょっと文化的な集まり。若手の映画作家とか音楽家とかのね。小規模な雑談会みたいなものもあります。新聞記者や評論家たちが集まるんですけど。

要はね、その次元から「いかに発展させないか」ということでしょう。たとえばロータリークラブとかライオンズクラブは、「それを仕事に利用しない」のが1つのルールになってる。互いの仕事に利用しあったら、必ずグループのなかに敵・味方が出てくる。「あいつばかり利用した」とかね。

だから情報交換は情報交換として、それを仕事には利用しないのが長続きする最大の秘訣。

コミュニケーションの場はコネクションの場ではない――それがこれからの時代の大事なことだと思う。コネクションは癒着につながるからね。

コネクションとコミュニケーションの差

日本では政治評論家が育たない。

なぜかというと、すぐ色がついちゃう。あの人は誰と、この人は誰とってね。つまり相僕の行司や審判係みたい。みんな部屋別でしょう。あんなふうになっちゃう。

もし人脈の作り方にコツがあるんだとしたら、そこだと思う。僕は比較的はやい時期に気づいたから、それで長続きしているのかもしれない。

癒着のコネクションは結局コミュニケーションのネットワークを狭めてしまう。

とくに僕のような情報をナリワイにしている男が「ある人間と非常に近い」となるとマズイ。

コネクションはあえて切って、コミュニケーションを大事にする。いわばコミュニケーション・ネットワークです。

情報源に限りなく近づけば、正確な情報が取れると思うでしょう。ところが取れないんです。もう、そういう時代は過ぎてしまった。

ヒューストン・サミットがあったとき、当時の海部[※2]首相が行きました。

新聞を見たら「日本が発言する国になった」と書いてあった。

それはどういうことかというと、たとえばヨーロッパは、ソ連に経済援助をしよう、中国に対しては天安門事件を起こしたケシカラン国だからまだ制裁を加え続けるべきだ、という意見だった。

ところが日本は逆に、中国には積極的に援助してソ連への援助は制限するということを言い、その主張が通ったわけです。だから国際舞台では「海部首相は主張する政治家」ということになった。

海部さんというのは、前の中曽根さんや竹下さんに比べれば国内的な力はない。その海部さんがなぜ国際舞台で「主張する日本」のイメージを打ち出せたのか。

たしかに主張したのは海部さんだけれど、そのシナリオを書いたのは誰かというと、官僚だとか自民党の有力者だとかいろいろなことが言われている。取材してみると一人ひとり言うことは違うんです。

実はここがいちばん言いたいところなんだけど、今のような複雑な時代には〈事実〉は無いといっていい。

どこから見るかによっていろいろな意見が出てくる。

海部さんの発言にしたって、いったいだれがシナリオ・ライターなのか探してみると、「オレが海部に助言したんだ」とか「仕掛人は外務省の誰々だ」とかいう話が次々に出てくる。

本当は、いろんな人間がある部分を演じている。それがたまたまひとつになったのが、そのときのサミット発言だった。

つまり、一つひとつの情報は必ずしも〈全体〉を示さないということなんですね。

自己表現のプロ

個々の情報を取ることはもちろん必要だけど、大事なのはそれを「どう組み合わせるか」ということ。

情報を加工しなくちゃいけないわけです。

組み合せ、面にし、あるいは立体化する。

だから、ひとつのコネクションに深入りし過ぎると危険ですね。

さっきも言ったように他のルートが閉ざされて、結局は全体を見誤ってしまう。

たくさんの点情報をどう加工するか――。

ここが問題なんだけど、現代はあらゆる新聞や雑誌が点情報を線や面に組み立てているでしょう。

我われはすでに加工されたものを見ているわけです。

そうすると自分で情報を加工する努力をしなくなる。

ここが危険なところでね、すでに加工された情報というのが意外にも同じものが氾濫しているでしょう。

もっといろんな見方があってもいいのに、同じパターンになっている。

だからこそ、自分の発想をここから解き放つ必要があるんですね。

加工された情報を鵜呑《うの》みにしてしまうことがいちばん怖い。

加工するというのは誰かの主観が入っていることなんです。誰かの色がついてる。もともと色のついてない情報なんてないんですけどね。

だから当てにならないぞと思って、もう1回それをバラしてみる必要がある。

たとえばUFOを見た。

でもこっちから見たのとあっちから見たのとでは色も光も違うでしょう。違うUFOに見えるかもしれない。「あれは丸かった」「いや四角だった」ってね。

情報ってそういうものです。

僕の部屋から見おろすと隅田川はこんなに綺麗。でも下へ降りてみたらそうでもない。

だから情報はポジションにもよります。色がつくのは当たり前です。

マスメディアの場合は大勢の人間が加わるからだいたい平均化・パターン化しますね。間違いはなくなるけど、個性的なものが失われる。つまり常識が働くでしょう。

たとえば「海部さんがサミットで取っ組み合いのケンカをした」みたいな話があっても、情報のベテランたちが「そんなことあるはずがない」って省かれることもあるでしょう。だから大げさに言えば、マスメディアというのは〈あまり出来のよくないレコーディング〉みたいなものでね。音のハイとローの部分が消えてしまう。

「車の嫌いな人間はゼッタイに自動車会社に入るべきじゃない」と僕は思ってる。車が好きだから、お客さんにアピールする自動車を造ろう売ろうとするわけでしょう。中には、企業の大量生産ではない手づくりの車を造りたいという人もいると思う。

これからの時代というのは確かに大量生産の車も必要だけど、手づくりの、一人ひとりの感性にフィットする車が注目されると思う。

自分を企業に寄り添わせていくのもいいけど、おそらく企業が求めているのは「企業に対して強烈な刺激をあたえてくれる人物」じゃないのかな。

企業は今、何がヒットするのか自信がない。

だから企業サイドじゃない〈自己表現〉をする人間を求める。

「俺はイイ物をつくりたいのに、上役が言うことをきいてくれない」なんていう嘆《なげ》き節《ぶし》は、アマチュアの台詞でしょう。

プロもアマも自己表現はする。

違いは、アマは自分の自己表現を客がサポートしようがしまいが構わない。朝早くにグラウンドで野球をやってるみたいなものです。客がいないところで野球をやったって別に悪くない。ところがプロは客が来なくちゃダメなんだ。客がサポートするかどうか、ここが大きな違いなんですがね。

※1　江副浩正。リクルート創業者。東京大学在学中にリクルートを創業、発展の礎を築いた。リクルート関連会社の未公開株が賄賂として譲渡されたリクルート事件の主犯として、逮捕された。

※2　海部俊樹。政治家。内閣官房副長官、文部大臣を務めた後、第76・77代内閣総理大臣に。昭和生まれのはじめての総理大臣となった。

第2章

組織を見る目

ダメになる組織

学校を卒業して社会に出ようというとき、まずすることは職業の選択だ。僕は入社試験を受けようとしている学生たちに、企業の見分け方をしゃべることがある。いい組織、悪い組織の見分け方を。

だいたいダメになる組織には、パターンがある。

企業でいうならば、たとえば営業マンは、お客の顔を見て走るわけでしょう。お客さんが何を求めているか、そのニーズをつかもうとするのが営業マンだ。つまり目は前についているわけ。

ところが企業が悪くなると、前を向いて走れなくなる。

前を向いて走っていると、営業活動が終わって会社に戻ったら、自分のデスクがなくなってた、ってことになるんです。だから客のほうを向くのではなく、目が、会社のほう、つまり後ろ向きになってしまう。

その次は、その目がだんだん上向きになるんです。ヒラメのように上向きになる。上ばかりを見て、ゴマすりばかりのヒラメ人間になる。

しまいには、ヒラメ人間、ゴマすりだけじゃ足りなくて、今度はお互いに足の引っ張り合いになる。他人、ライバルの悪口を言い合う。相手の足を引っ張らないと自分がやられてしまう。だから先に引っ張る。

最初は後ろ向きになり、上向きになり、そして足の引っ張り合いになる。

組織が悪くなるとき、皆、このパターンです。

ヒラメ人間ばかりの組織はどうなるか？

ある自動車会社の、社長から話を聞いたことがある。

このときすでに会社の業績が落ち込んでたらしいんだけど、そこで社長は、社長室のドアを開け放って、部長でも課長でも、皆、言いたいことを言ってくれと。

ところがダメだった。誰も意見を言いにこない。

そこで無理矢理呼んで、

「どうすれば会社はよくなるか？　お前、どう考えているんだ」

と聞いても、言わない。

彼らは何を考えているかというと、

「社長はいったい何を考えているのだろうか」
「何を言ったら社長に気に入られるだろうか」
と、社長の腹ばかりさぐっている。気に入られることばかり言おうとするんです。ヒラメ体質が、骨の髄まで染み込んでる。

ここでとても危険なのは、社長自身もそこに気づかず「そうか、皆も俺と同じ考えか」と思ってしまうことだ。みんなヒラメ人間で、ゴマすりをしているのだということに気づかなくてね。その結果、組織はどんどん悪くなっていく。

試行錯誤を喜べ

組織というのは人間の体と同じだと僕は思う。

人間の体には体温があって、これは高過ぎても低過ぎてもよくない。血管や神経のようなネットワークも故障したら体は具合が悪い。そして柔軟性も必要だ。

組織もこれと同じだと思うんです。

会社を訪問して、とても立派な建物で室内もきれいなんだけど、入ってみた感じが妙に冷たいと思う組織がある。これはダメだ。

逆にホット過ぎる組織もこれは危ない。

バブルのときがそうでしょう。不動産会社、証券会社とか、どこも過熱し過ぎていた。体温というのは企業の体質を表わしているんだ。

それから柔軟性のない会社はよくない。

組織が硬直している企業だ。

僕は組織と人間、企業と個人、会社と従業員との関係というのは、基本的には矛盾していると思う。

社員、一人ひとりは自分自身がいちばん幸せでありたいと願う。自分の勝手で生きていきたい。しかし、皆が自由に振る舞い過ぎると全体がムチャクチャになる。組織にとっては迷惑だ。そこで規律、規則、ルールを作るわけだけど、それがあまり強過ぎると、今度は個人にとってはとてもやりにくい。矛盾しているでしょう。

だから企業、組織のトップは、この相矛盾していることを認識しているかどうかが、とても大事なんだ。

矛盾しているから、さてどうするかと試行錯誤する。試行錯誤するってことは組織が動いていること。ああでもない、こうでもないと動かすことで、柔軟な組織ができる。

ところが硬直化している組織っていうのは、見ていると経営者が強過ぎるんだ。

ワンマンだね。

力が強過ぎて下が発言できない。

あるいは、組織自身が弱くなってみんながヤル気がない、いわゆる事なかれ主義、官僚体質になっているか、どっちかだと思う。

硬直化した組織とは、全員が頭が堅くなって若さも失って、変革する気力がないか、あるいは上からの締めつけが厳しいか、どちらかですよ。

つまり、神経、血管のネットワークが正常な組織というのは、風通しがよくて、みんなが自由に言いたいことをしゃべれるってことです。

風通しが悪いのは、もう組織としては最悪。みんなヒラメ社員になっている。

人間だって柔軟性を失い、血のめぐりが悪くなれば具合も悪くなるように組織だって末期症状です。

それでは、健康というのはどんどん良くなるのか。僕はそうは思わない。良くなり過ぎることは逆に悪いことじゃないかと思う。

たとえば、血圧が上がり過ぎてもダメ、下がり過ぎてもダメ。太り過ぎも痩せ過ぎもダメ。大事なことはバランスなんだ。

自民党の派閥を考えてみよう。

田中角栄[※3]を総理大臣にしたいと思う連中がいる。一方ではいや、俺は福田赳夫[※4]を総理にしたいと。あるいは大平正芳[※5]がいいという人もいる。それぞれ集まってグループを作る。これが派閥だ。

そこにはなぜ田中か、なぜ福田かという理由があって、派閥の主張にも違いがあった。それは思想であったり、政策の違いや人柄の違いであったり。違いがあるから派閥同士が論争をするわけでしょう。

しかし、そういう派閥も作れない状況、たとえば田中角栄以外はダメだとなれば、これは危険です。

独裁政党だ。

民主的な政党というのは、田中角栄を総理大臣にしたい連中が集まり、こっちには福田赳夫のグループが、というのが健全だと思う。

そういう意味で派閥はあったほうがいい。

しかし、派閥が固まって、過度に制度化されていくとどうなるか。

たとえば福田さんが引退して安倍[※6]さんにバトンタッチ、さらに三塚[※7]さんが引き継いだ。大平派も鈴木[※8]派になって次は宮澤[※9]派だ。

宮澤派というのは、宮澤さんを総理大臣にしたいと思った連中が集まったんじゃないんだね、もともとは。

派閥というのは一代限りでなきゃダメなんだ。福田さんを総理大臣にしたいと思って集まって福田派を作ったなら、福田さんが辞めたら、それでおわり、解散。そしてまた新しい派閥を作るべきなんです。

ところが、その派閥が、長く続き過ぎて過度に制度化されてしまった。その領袖を総理大臣にしたいために集まってるわけじゃないから、それぞれの違いがなくなってしまった、派閥同士で。だから論争もない。政策論争しなくなってしまった。

じゃあ、派閥はいったい何だと。金を集める、配る。そして大臣、ポストを配給する。そういう組織になってしまった。

過度にシステム化されてしまったわけ。

これは、派閥の腐敗ですよ。

派閥はよくないというけど、派閥自体がよくないんじゃない。派閥が制度化され過ぎた結果、腐敗してしまったのですよ。派閥の意味も存在理由もなくなってしまったのに存在している。これは、もう腐敗ではなく、退廃だね。

過度に制度化されるってのは、組織にとっていちばん怖いことだ。

いろんな企業、組織を見て「これはいい形だ」と、そのときは思っても、長く続けると必ず硬直化する。腐敗する。

いい組織とは、つまり絶えず動いているということ。

これは人間の身体も同じこと。新陳代謝が大事だし、生き方もやはり同じで、硬直化が恐い。

人間も、何かを思い込んで一直線に走ったら、必ず行き過ぎになる。これがいいのかな、あれがいいかなと思いながら、3歩前進、2歩後退しながら生きてるわけでしょう、人間ていうのは。

組織も人間も絶えず自分自身を直しながら進むべきなんだ。矛盾いっぱいなんだから。

本質を見る瞬間

企業というのは景気のいいときには個人の意思を尊重する。個性を尊重する。あるいは夢のある企業にしようとか、休暇をたくさんとって働き甲斐のある企業にしよう、メセナ（企業の芸術文化支援活動）をやろうという話になる。

ところが景気が悪くなると、企業自体が倒産したら大変、元も子もないと様子が変わっていく。

そりゃ、多少はしかたがないと思う。個人と組織の関係は絶えず動いているものだから。景気が悪ければ組織のほうへズレるし、景気が良ければ個人のほうへブレていくこともあると思う、多少はね。それが、柔軟性、フレキシビリティでしょう、組織の。

しかし組織とは基本は主体性を持った個人の集合体で、ここが肝心なのだけれど、こういう景気の悪いときにこそ、

「これはオレたちの組織なんだ」

「オレたちが主体的に作っていくんだ」

と思えるような組織であり得るのかどうかが大事だと思うね。企業を支えているのも、動かしているのも人間なんだからね。

経営者、幹部たちが、

「今、そんなことを言ってられるか」

「大変な時期なんだよ、非常事態だよ」

と言い始めると、これは、馬脚をあらわしたって感じですね。それまでは企業メセナだとかボランティアとか言ってたのが、

「そんなこと言ってられるか。今、生きるか死ぬかってときだよ。働け、ガンバレ」

って話になりがちだが、こうなると、みんなシラケてしまう。みんなやる気を失ってしまう。

そういう意味では、今は企業、組織の本質がよく見える時期なんです。

それにしても、管理が非常に巧妙になってるね、今の組織は。仕組みが見えにくくなっている。僕らの若い頃は仕組みが単純だったから、わかりやすかった。

たとえば昔は学校の教師が怒るときに、バーンと、引っぱたいた。殴られたら、やっぱ

り悪かったと思うか、何だこのヤローって反発もできた。今、そんな単純に引っぱたかないでしょう。

そのかわり管理がうまくなっている。

企業だって昔は奴隷工場とか、あからさまな、非人間的な労働を強いていたわけだけど、今、そういう企業はない。

では、管理されていないかといえば、じつに巧妙に管理されてる。

自分で自分を管理し規制する。規制せざるをえない環境を作る。

その自己規制が、欲求不満、ストレスをためるんでしょうね。

若い人たちを見ていて思うんだけれど、世の中の仕組みが複雑になり過ぎているから、怒りがあっても、それをどこにぶつければいいのか、わからない。

NOと誰に言えばいいのかわからなくなっている、というところがあるんじゃないかな。

そうすると、怒りをぶつけるより関心をもたないようにしよう、と、こうなる。

無関心だね。

ぼくは無関心、考えない態度でいることが、いちばん危険だと思うね。

組織と自分の矛盾度

いい会社とは何かというと、何より大事なことは、そこにいる人間たちが、組織にいる意味、自分の存在理由がつかめていて、組織と自分の関係、その矛盾までが見えているということだ。

ここにいて自分の意味を見出せる、そういう組織ならいいですね。

繰り返し言うけど個人と組織は、相矛盾する関係、相容れないものだから、どこかで折り合いをつけていく。その折り合いが、一種の議論になるんです。

僕は、何度も就職して辞めて、組織から飛び出した人間、いわば落伍者ですから、組織の矛盾もよく知っている。

自分自身の個人の矛盾もよく知ってる。

飛び出したっていうのは、組織が悪いだけの問題じゃない。

僕のほうにもいっぱい問題があったと思う。

しかし、お互いに矛盾し合っているのは悪いことじゃない。お互いに矛盾をもっているのだから、そこを何とか折り合いをつけようとする。そのためにぶつかり議論する。とことん話し合う。

もっと言えば、矛盾するから面白いんであって、矛盾するから組織も個人も変わっていくわけだ。進歩もするんだ。

あるいは逆に自分を変えていくエネルギーになるんでしょう。

発想というものは、僕は矛盾しているところから出てくる、と思う。

ある矛盾があって、その矛盾を解決するためにどうすればいいのかを考える。難しいからといって、そこでやめてしまったらおしまいだ。

矛盾の中で試行錯誤するから新しい発想が出てくる、新しい可能性が出てくる。そこで、組織も生まれ変わるんです。

そういう発想を、抑え込んでしまう組織は、これはダメでしょうね。飛び出すしかないかもしれない……。

あるいは、そういう組織が固まってきたときには、突き破るしかないんです。壊す。ぶち壊すしかないと思う。

一度、壊して、そして作るしかない。壊しながら作っていくんです。

人間の生き方も同じだけど、壊す勇気のない人間に新しい創造はできない、と僕は思う。

※3　内閣総理大臣（第64・65代）を歴任した政治家。日本列島改造論を計画・実行するなど、さまざまな政策を成し遂げた。

※4　第67代内閣総理大臣を務めた政治家。自民党政調会長、幹事長、大蔵大臣などの要職も歴任。息子の福田康夫ものちに、総理大臣となった。

※5　政治家。第68・69代内閣総理大臣を務めた。「環太平洋連帯構想」「田園都市国家構想」などの政策研究グループをつくり、提言を行った。

※6　安倍晋太郎。安倍晋三元首相の父。政治家。農林大臣、外務大臣などの他、自民党の要職を歴任。

※7　三塚博。政治家。運輸大臣として国鉄の分割・民営化に尽力。通商産業大臣、大蔵大臣、自民党政調会長なども務めた。福田赳夫元首相から安倍晋太郎氏が継いだ「清和会」を継承し、三塚派を率いた。

※8　鈴木善幸。政治家。第70代内閣総理大臣を務めた。「増税なき財政再建」を掲げ、行政改革・財政改革に取り組んだことで知られる。

※9　宮澤喜一。第78代内閣総理大臣を務めた政治家。官房長官、通商産業大臣、外務大臣、大蔵大臣などの要職も歴任した。サンフランシスコ講和前後の日米交渉で活躍。

第3章

説得力とケンカ力

自分を生かす答え

ここ何年か、企業側の採用担当者に会うと、みんな口をそろえてこう嘆く。

「今の若い人間たちは何を言いたいのかさっぱりわからない。自分の言いたいことを言えない奴が多過ぎる」

たとえば、

「なぜ、この会社を選んだのですか？」

と基本的な質問をしても、要領の得ない答えばかりしゃべるというんです。

全然伝わらない。自己表現できないんだ。その訓練がなされていない。あるいは自己主張、自己表現する気もないのかもしれない。

しかし、ときどき気のきいたことを言う人間もいる。といっても採用担当者は人生経験があるから、それが建て前かどうか見分けられる。

「君は、就職のマニュアル本に書いてあるような言い方だね」

と言っただけで、もうメタメタになってしまうというんだ。

自己主張ができない人間は、本当の意味で生きる能力がないのかもしれないな。

自己主張する。自己主張するというのは、僕は社会の中で生きていく基本条件だと思うな。

民主主義。いきなりこんなことを言うとシラケル人間が多いかもしれない。

日本では民主主義はタテマエか、あるいはアクセサリーみたいに思っている人間が多い。いやアクセサリーだ。

しかし、たとえばアメリカでは生活必需品なんです。

アメリカはいろんな民族、人種が集まって社会を作っている。それぞれ歴史、風土、習慣も違う。もちろん価値観も考え方だって違う。

そういう人間たちがひとつの社会を作ろうとすると意見が合わない。バラバラだ。

そのままだと混乱、いや殺し合いになってしまう。だからルールがいる。それが民主主義ですよ。

民主主義というのは異端者や少数意見を認めるためのルールなんだ。

自分が少数になる可能性だってあるわけです。いろんな価値観の人間がいるんだから。で、自分が少数意見になったときに、民主主義というルールがなければ抹殺されるわけ。

しかし、少数意見を全部認めていたんではまとまらないから、それぞれ自己主張する、そして話し合いの結果として多数決をやり、結果に従うと。

つまり互いに自己主張をし、徹底的にケンカをする。ケンカして多数決に従う。だから、自己表現、自己主張できない人間は生きられない。逆に自己主張のうまい奴、ケンカのうまい奴が多数を制する。これが民主主義ですよ。

説得というケンカ

アメリカに民主主義がなくなったら殺し合いが始まる。あるいは少数者が抹殺されるかどっちかだ。そういう意味でアメリカの民主主義は生活必需品なんだ。

ところが日本は単一民族といわれている。これは正確ではないけど、島国でよそ者を排除する形でやってきたから自己主張する必要もなかった。

よくいえば以心伝心。馴れ合いだ。

「男は黙ってなんとかビール」なんてＣＦが昔あったけど、黙っていたほうがトクだと。会社の中で皆と違う意見を言って自己主張する少数者は「バカ」と言われることが多い。

出る杭《くい》は打たれると。

だけど、これからますます国際化してくるとアメリカのようにいろんな価値観、意見の違う人間と同じテーブルに着くわけだ。

自己主張できなければ、どうなるか?

ケンカの弱い奴は生き残れないよ。ケンカっていうのは、この世の中で社会の中で、あるいは会社の中で自分のアイデアなんかを通そうと思うときに絶対に必要です。

湾岸戦争[※10]のときに、さかんに正義という言葉が氾濫《はんらん》した。

〝フセインは白昼堂々クウェートを乗っ取った。あんな奴は徹底的にこらしめなきゃダメだ。それが国際正義だ〟と。

でも〝国際正義〟なんてのは、実はない。まやかしという意味じゃないけど。

国際社会というのは、当然どの国も自分の国に都合がよいこと、つまり国益を主張する。

でもこれは、それぞれ互いに勝手なことを言い合うわけだから、まとまらない。

放っておいたら、あちこちで戦争が始まる。

そこで、それぞれの国が自分の主張をわかりのよさそうな、利害の合いそうな国に説明する。説得する。ある種の妥協もする。仲間を増やす。これが〝外交〟です。

そして、仲間が同じ意見が大半を占めると、これが〝国際正義〟になる。他の国々も、それに従わなきゃならなくなる。

そうでなきゃ世界中戦争だらけになるから、国際時代でいちばん大事なのは、説得というケンカなんです。

価値観、モノサシの違う人間に対して説得していかなければいけない。でも日本はいまだに「男は黙って」の状態に近い。

必死ということ

企画を通すというのも自己主張ですから、ある意味ではケンカです。

いいアイデアを出しても通らない。

周りが悪いんだと、よく文句を言う連中がいるけど、まったくの間違い。ケンカがヘタ過ぎるか、逃げているだけ。熱意も努力もないんだ。

僕が東京12チャンネルに入ったときに、開局の記念番組を作るということになった。どんな番組がいいかと企画会議をやった。

ドラマとかバラエティを作りたいという声が多かった。

でもあの局は教育とか科学技術の局で、そういうものを作るところじゃなかったわけ。科学技術に関係する番組を作らなければならないのね。しかも、視聴率がある程度とれるもの。

何だろう？

ＳＦドラマならいける、ここまではみんな考えた。

そのＳＦドラマの脚本は誰に書いてもらえばいいかと。

まだ開局もしていないのだから、12チャンネルというのは知名度がまったくない。みんないろんな名前を出すけど、あるレベルまでしか出てこない。そこで、僕は安部公房はどうかといい出した。安部公房というのはＳＦ的な作品を書いたら、日本で超一流の作家。

メロドラマをやろうというときに渡辺淳一の名前を出すようなものです。

あの作家が12チャンネルのために脚本なんか書いてくれるわけがないじゃないかと、みんな思って名前を出さなかった。

まさか書くわけがないだろう、とは思っても、頼むのを反対とは誰も言わない。

無理だろうという声はあった。

ほとんどがそう思っていたんだろうね。しかし、反対のしようがない。

「じゃ、オーケーですね」といったら「オーケーだ」と。これは勝負でしたね。

そして、僕はいきなり安部さんに会いに行った。

人間というのは基本的には通じ合うものだと僕は思っている。

こっちが必死になれば、あるいは相手が予想していた以上のことをやれば通じ合うものなんだ。なまやさしいことではないけどね。

ところが、初めから諦めてることが多いんだ。

無知をさらけ出せ

僕は若い編集者やテレビのディレクターたちに言うんだけれども、たとえば出演交渉、取材交渉をするときに、ともかく行けと。

若い人たちがすぐ電話で済ませようとするでしょう。

それじゃダメだと。電話の時代だからこそ、行けと。そして直接会って頼め、と。あるいは手紙を書けと。

手紙を書いても返事が来ないじゃないかと言うけど、そんなの待ってちゃダメだ。

いきなり行くのは失礼だから手紙を書いておく。そして、行って会う。1回断られても、3日、4日、5日と続けりゃ相手に気持ちも通じるんです。

安部さんの話の続きだけど、行ったら、すぐに会えた。

驚いたことに安部さんにとっても歓迎されたんです。なぜかといったらテレビの連中は自宅まで行かないで、みんな電話で済ませてしまうからという。

だから「よく来たな」と感心されてね。

同じような話で、前にミサワホームの三澤千代治[※11]さんが言ってたけど、今の学生は熱心さが足りないよと。

会社を受けに来て落ちる。

落ちた学生で自分の家にやって来て「どうしてもミサワホームに入りたい」と言ってきた奴はひとりもいないって。朝早くから家に来て、「どうしても入りたい」と。

1週間ぐらいやって、いかにこの会社に入りたいか、ちゃんと自己表現して、相手がなるほどと思えば、これは入れる可能性が生まれてくる。

ところが、そういう奴はいないって三澤さんは言う。

こういうこともあった。

昔、ある右翼団体を取材したらテレビ局のほうへクレームがついた。これはいかんと、局は中止だ、中止せざるを得ないと言い始めた。腰が引けたわけ。

このときも、僕は団体のトップの家へ直接行ったんです。おっかなビックリだったけど。行ったら、「よく来たな、最近のテレビの奴は来ないからな」と、家にあげてくれて、酒までごちそうしてくれる。だけど僕は酒が飲めないからと断ると、「飲めないんじゃ、しょうがないな」と苦笑いしたけどね。

放映も予定通りオーケーとなった。


直接会うのは怖いですよ。

しかし、話す、しゃべる、自己表現するっていうのは、本来怖いもの。

間違ったことを言ったら「あいつ、ヘンなことを言ってるぞ」と。「なんだ、アレは」と胸倉をつかまれる、いや、胸倉なんてつかまれなくたって、怖いことだ。

自己主張するというのはリスクが伴う。自分の恥、無知をさらけ出すことにもなる。でもやらなきゃ何も得られないからね。それなら電話じゃなくて直接会うほうが熱意は伝わるだけ自分の主張が通りやすい。それがケンカに強くなることでもあるんです。

若いときに、ロクにケンカもしないでいると管理職になって本当に自己主張しなくてはならないときに、つまり、ほんとにケンカしなければならないときにケンカができない。中年になって、頭がカチカチになってからケンカしなければいけない場面が増えるけど、そうなってからではやり方がヘタクソです。

年をとった人ですぐカーッとして、怒ったりするでしょう。

若い人は、その怒りに反論しない。

バカな大人は勝ったと思う。

違うよ。相手にされないだけの話。

「あんな石頭オヤジはほっとけ」って、そうなってしまう。相手にされてないだけです。

ケンカといっても、怒鳴ったり手を出したら負けです。

理屈で勝てないから怒鳴る、手を出すわけでしょう。殴り合いで勝っても、なんの意味もない。怒るなんていうのも、論理が破綻《はたん》して相手にそこをつかれて、いわば追い詰められて逆上する、あるいは権威をカサに脅すわけで、負けている証拠。

だいたいケンカは、静かにしゃべっているほうが勝ってる。そうでしょう。

それじゃあ、どんなケンカがいいか。

これは僕のケンカ術だけども、相手の退路を断たないこと。相手を袋のネズミにしてはダメ。

つまり終わってからどうするかって考えないケンカっていうのは最悪なんです。

ところが、日本人のケンカの特徴は昔から玉砕主義なんです。

旧日本陸軍は、戦線がエスカレートしてどんどん攻撃してるときは、ものすごく強い。だけど転戦、撤退がヘタなんです。とくに上手な撤退ができない。

戦争っていうのは、いろんな局面で勝つこともあれば負けることもある。

負けるときには、いかに被害を少なくするか、それが戦争の鉄則。

うまく退いた場合は本来なら責任者が表彰されたっていい。でも日本は撤退したら、負けってことで切腹ものだ。撤退できないから、どうしても玉砕になる。

転戦、撤退のできないケンカは最悪です。

ケンカってなんのためにやるか？

少なくとも自分の住んでる社会を広げるためにやるんでしょう。自分の考え方と自己表現を広げたいためにやる。玉砕じゃ、広がるどころか潰《つぶ》れてしまう。もちろん、相手の退路も残して終結しなければならない。

敵を味方にする頭

だから、ケンカをすることの本当の価値は、実は勝つか負けるかじゃない。大事なことは、ケンカをすることで自分の世界を広げられるか、狭めてしまうか。ここがポイントです。

極端にいえばケンカに負けても社会が広がればいい。

自分の主張、自分の振る舞える範囲が広がるなら、そのケンカに大きな価値が生まれてくる。

仁義なきケンカを仕掛けられたら？　そんな攻撃は、受けないことです。

要するにケンカは味方を作るためにやるんです。話し合うことで、自分を説明することで、相手にわかってもらい、敵を味方にしていく。それを、懐柔するとか賄賂を出してなんてことが相手に読まれたら「何をこのヤロウ」と敵に回ってしまう。

やっぱりケンカは真剣になってやり合うから「そうか、こいつは、こんな奴だったのか」と理解してくれるんです。

だからヘタなケンカっていうのは敵を作るようなケンカ。

そして退路を断たないこと。相手が逃げだしたらそれで終わり。人格攻撃しないとか。

そして、最大のルールは、やっぱりシコリをあとに残さないことです。

ケンカしても、終わったら仲良くなれる。すぐに握手できなくても何日かたったら「ややあ」といえるケンカ。そうやっていけば本当のケンカができるようになって味方が増えていくんじゃないかと思う。

※10　1990年8月のイラクのクウェート侵攻に端を発し、翌年1月に米欧軍を主とする多国籍軍のイラク攻撃で起こった戦争。1991年2月にクウェートからイラク軍が一掃され、停戦成立。

※11　ミサワホーム創業者。実業家。プレハブ工法を考案し、一代で大手ハウスメーカーを作り上げた。創業から4年後に株式上場を果たし、当時最年少の上場会社社長となった。

第4章

自分の敵

敵を持たないリーダーの悲劇

敵はいたほうがいいのか、いないほうがいいのか。敵対し合う関係というのはいいか、悪いか。

敵はいないほうがいい、敵対し合わないほうがいいに決まってる——と一見思う。ところが敵がいないと実はたいへん困るということがある。

世界中で民族紛争が起きています。あちこちで殺し合いが起きている。

なぜそんな紛争が起きるのか？

実は「敵」がいなくなったからなんです。

かつて冷戦構造でソ連とアメリカが敵対していた。

そのときは西側にとってはソ連が、東側にとってはアメリカが大きな外敵だった。

その冷戦構造がなくなって、敵がいなくなった。

敵がいなくなれば、本当は平和がやってきて、みんな楽しく暮らせるはずなのに、今度は逆に、みんなケンカを始めた。[※12]ボスニア・ヘルツェゴビナとかね。とても皮肉な現象だ。

今世界はそういう混乱の真っ只中にある。

では敵とは、本当は何なのだろうか。

敵対し合うというのは、いったいどういうことなのか。


東京でサミット[※13]が行われたとき、世界中から、アメリカのクリントン大統領をはじめ、ドイツのコール首相、フランスのミッテラン大統領、イギリスのメージャー首相、カナダのキャンベル首相、イタリアのチャンピ首相と世界のリーダーが来て一堂に会したんだね。ロシアからは、エリツィン大統領がやってきた。

しかも、このときの議長国は日本だった。議長は宮澤首相だった。

ところが、サミットがあったことも知らない人が結構多いんじゃないかと思う。

このサミットで何が行われたのか。世界のリーダーたちが何をやったのか。

これは、ほとんどの人が知らない。何も印象に残ってないだろう。

なぜ印象に残ってないのか。

それは世界のリーダーたちが日本に集まって何もしなかったからです。

新聞をロクに読まないから、TVもロクに見ないから、だからサミットで何が行われたかわからないいんじゃない。

印象が薄いんじゃなくて、何もしなかった。

実は彼らは何もできなかったんだ。

それじゃ、なぜ何もできなかったか。

ひとつはみんな自分の国のことで精一杯なんです。

たとえばクリントンは支持率史上最低。コールもミッテランも史上最低。メージャーも同じ、みな足元がガタガタなんです。ロシアのエリツィン大統領に至っては、世界で誰も期待してない。せいぜい世界が彼に求めているのは、援助してくれと言って世界の足並みを乱さないでくれ、迷惑をかけないで欲しいということぐらい。

どうしてこんなに世界のリーダーたちの力が弱くなったか。これは、実はもともと力の弱い人がリーダーになったからではないんです。

ドイツのコール首相にしても、フランスのミッテラン大統領にしても、かつてはアメリカとソ連、二超大国を手玉に取って、それはたくましい政治、したたかな政治をやってきた人物です。そういうコールやミッテランさえも力を失った。

これは、大きな「敵」を失ったから。

冷戦構造がなくなって、大きな対立がなくなってしまったからなんです。

じゃ敵とは、対立関係とは何なのか。

アメリカとソ連が対立していた時代には西側の国は、イギリスにしてもドイツにしても、リーダーは政治をする上で、国民を激励する。

「頑張れ、もっと経済を発展させよう。頑張らないとソ連帝国主義、つまり共産主義が侵略してくるぞ」

と。

ソ連という大きな敵を置き、共産主義は侵略国家でスキを見せたらガーンとやってくる。恐い。だから頑張らなきゃいけない。足並みを乱したら、やつらがやってきて滅ぼされてしまうぞ、と脅かす、あるいは激励する。

たとえば、不況で生活が苦しいときでも我慢してくれ。弱音を吐いて足並みを乱したら共産主義がつけこんでくる、と尻をひっぱたいてきたわけです。

共産主義の脅威というのは何も軍事力だけじゃない。「内なる脅威」というものもある。

それぞれの国に「共産主義がいい、ソ連みたいな国がいいんだ」という人たちが結構いた。そういう人々を内なる共産主義の手先だぞ、共産主義の手先がたくさんいるんだぞ、といわば警報を出しつづけてきた。

彼らがソ連化、共産化を狙っている。だから団結が必要だ。

こうリーダーたちは言い、それを政治のバネにしてきた。

ソ連という敵の存在は国のマネージメントをするための、格好のバネになった。冷戦バネというんだけれど。

東側でも事情はまったく同じ。

頑張ろう、頑張らないとアメリカをはじめとした西側の帝国主義の連中がドーンとやってくる。これに侵略されたら奴隷にされてしまうぞ、と。

確かに今の生活は苦しいかもしれない。しかしこの苦しさは奴隷になるよりはずっといいと。

東側にとってもやはり内なる脅威。そして外側からの強大な軍隊による侵略、この二つの脅威があったわけで、これを励ます、また、恫喝《どうかつ》する道具に使ってきた。

ところが冷戦が終わってしまった。敵がなくなった。

敵がなくなってから、かえってやりにくくなった。我慢しろといっても、なんで我慢するのかという話になる。もっと頑張って経済を発展させようといっても、なぜ発展させるのか。そんな頑張りより、今の生活、楽になりたいよ、と。

だから敵というのはないほうがいいに決まってるんだが、実は共通の敵があったほうが共通のバネになってやりやすい、国民のはげみになることもあるわけです。

実は冷戦構造っていうのはよく考えると一種の国際談合なんです。アメリカとソ連が本気で戦ってたら、どちらが勝ってもどちらが負けても、地球全部丸ごと滅亡ですよ。

そんなことはアメリカもソ連もわかっている。だから本当の戦争はできない。しかし、ケンカしているふりをする。そのほうがお互いにとって都合がよかった。

西側はソ連という敵がいるから、また東側はアメリカという敵がいるから、それぞれ国民に頑張れと言える。

お前たち足並み乱したら、ソ連が攻めてくる。あるいはアメリカが攻めてくる。それでももし足並みを乱すなら、相手に勝つために、負けないために、排除する、村八分にするぞ、と。

これがマネージメントに都合がよかった。だからケンカするふりをしていた。つまり、国際談合だ。

ところが談合のつもりで、慣れ合いのつもりでやってたら、どんどんエスカレートして本気のケンカになってきた。際限もなく軍事力が大きくなって、そのための軍事費がどんどん増えて、経済がおかしくなってきたんです。

それでもうケンカは止めだ。談合はダメだ、ということで、冷戦の崩壊となった。

ビジネスの冷戦構造の崩壊

このことは実は日本の国内でも当てはまる。

冷戦構造、談合構造は国内にもあったんです。

たとえばA社とB社、C社とD社がお互いにライバル関係を作って競い合う。外側に敵を作り出して競い合う。

富士通とNECといったように、どの業界でも好敵手、ライバルの企業があるでしょう。あそこには負けたくないというような。社員たちに、「ライバルに負けないように売り上げをバンバン伸ばせ」とハッパをかける。ライバルという敵を作り、頑張る。

これは一種の非常時体制だ。古い言葉で言えば「欲しがりません、勝つまでは」となる。とにかくライバルに勝つまでは、文句も言わない、不平も言わない。社内の、あるいは経営のやり方にいろいろ問題があっても、不満を感じても、そのことを言わないで黙っている。我慢する。それでやってきた。

つまり、外に大きな敵を置くことで中の敵対関係を無くしていく。日本は島国でムラ社会だから、とくに敵対関係を恐れる。下手に議論をすると、しこりになる。亀裂が起きる。勝った負けたで感情的なしこりが残って、お互いの関係がおかしくなる。会社という村共同体が壊れてしまう。

逆にそこで、外にライバルという敵を置くことで、会社を村共同体にして、中でのケンカ、対立、ギクシャクを起こさないようにしてきたわけです。

外に敵をつくり、内側では「欲しがりません、勝つまでは」でやる。

しかし、そんな中で社員たちはだんだん物を考えなくなってきた。これが問題なんだ。非常時体制だから、会社とは何なのか。何のために売り上げを伸ばすのか。いったいどこに向かっているのか。そういうことは考えずに、ただ突っ走ってきた。

そのあげくに、バブルになった。

そして、そのバブルが崩壊した。

いろんなスキャンダルが起きた。バブルが崩壊して改めて見ると、バブルっていうのは、国内のビジネスの世界での冷戦構造だったわけだ。

そしてバブルが崩壊したということは、ビジネスの冷戦構造が崩壊したということです。外に敵を置くことで、中でギクシャクを起こさないでやろうとした。しかしその構造が崩壊した。冷戦バネがもう効かないわけです。するとお互いの違いがはっきりしてくる。ギクシャクが起きる。しないほうがいいと思ってもケンカが起きる。国際的にも冷戦構造が崩壊して、あちこちで民族紛争が起きる、国内でいろんな紛争が起きる。

国内も同じだ。国内でも冷戦構造が終わって、外なる敵を置いて、みんなで一致しよう。欲しがりません勝つまでは、がダメになった。

それじゃ、どうしたらいいのか。ケンカが起きるのなら、これはうまいケンカをしなきゃならない、ということになる。

では、上手なケンカとはいったい何なのか。

『朝まで生テレビ！』の意図

ケンカというのは、放っておけば相手を倒して、打ちのめして、ついには死に至らしめるものなんです。相手が戦闘能力がなくなるまで戦ってしまう。

しかし、死に至るケンカをするなんて、それは最低だ。

それなら、うまいケンカっていったい何だ。

傷を背負わない、しこりが残らない、あるいは陰に籠《こ》もらない。そういうケンカってないのか。

実は、僕は『朝まで生テレビ！』という番組を企画して１９８７年に始めたんだけれども、この番組を企画したそもそもの意図は「上手なケンカ」をすることだった。

お互いに遠慮なくディベートし合いながら、ケンカをしながら、陰に籠もらない。陰陰滅滅にならない。しこりが残らない。お互いの関係を損ねない。そういうケンカができないものか。『朝まで生テレビ！』というのは、まさに実験場のつもりだった。

殺し合いの、相手を徹底的に傷付け合う、そういうデスマッチにならないためには、ルールが必要だ。談合ではないケンカをやるためには。

ルールというのは、たとえばボクシングで言えば、急所を蹴らない、刃物を持たない、同じグローブをつけて、決められた場所を殴り合う。そういうルールが必要だ。

あるいはプロレスのように、反則にもルールを作る。つまり、5秒の間は反則してもいいと。人間はルールを作ってもそれを犯しがちだ。でもここまでは犯してもいいよ、という反則のルールも必要になるんだ。

しかも大事なことは、ルールっていうのは、既にあるんじゃなくて、これから作らなきゃならない、ということ。

実は、世界が混乱しているのも、国際談合の時代が終わって、新しい時代のルールがない。それを今作ろうとしているところなんです。

だからルールは作るものなんだ。そしてたぶん、そのルールにもとづいて行うケンカは、やっぱり観客がいるだろう。ボクシングには、レフリーと観客がいる。野球にもアンパイアがいる。

ふたりだけのケンカだと、ルールがあっても、片方がそれを侵《おか》したり、あるいは徹底的なケンカになったりする。やっぱりケンカというのは、観客や、アンパイヤを前に判定勝ちで決めるものだと思う。

ここで強調しておきたいんだけども、日本は島国で、僕たちは今まで「ケンカはしないほうがいい、敵は作らないほうがいい、ギクシャクは起こさないほうがいいんだ」と、こう思っていた。

しかしどうもそれは違う。

敵はできてしまうものだ。できてしまうことを前提にして、うまい関係作りをやっていく。そのためには、発想を転換しなきゃいけない。

なぜならば、これから国際社会になって、いろんな価値観や風土、習慣が違う人間と混ざり合い、生きていかなきゃならない。

そのときたぶんアメリカが、ひとつのヒントになると思う。

アメリカは民族が混ざり合って、いろんな価値観の人間が一緒に住んでいる。

当然、ギクシャクが起きる。下手すると殺し合いになる。

そうならないために、上手なケンカをする。

言いたいことは言い合う。最後は多数決で決めていく。しかも、少数の意見を尊重しましょう。

これが民主主義だ。

民族が寄り集まって、一緒に住むための、いわば生活の知恵だね。これがひとつ参考になるかもしれない。

今まで、日本人は島国でみな同じような生活をしてきた。ギクシャクなしでやってきたわけだけれども、国際社会になってその価値観をどうも変えなきゃならない、そんな時期に来ていることを、真剣に考えなきゃいけないんです。

※12　1992〜1995年まで、ボシュニャク（ムスリム）人・クロアチア人と、セルビア人の対立から始まったボスニア・ヘルツェゴビナ紛争が起きていた。
※13　1993年7月に東京で開催された先進国首脳会議（東京サミット）。日本で3回目に開催されたサミット。

第5章

運を呼び込む人間

松下幸之助「頭も体もよくなくていい」

松下電器の創業者である松下幸之助さんに会ったとき、社長なり役員を抜擢《ばってき》する際、どこを見て判断するのか、と聞いた。

まず「頭の切れる人間、つまり頭の良し悪しで評価するんですか」と訊《たず》ねたら、松下さんは、こう言った。

「頭は関係ない。むしろ頭がいい人間より頭が悪いほうがいい……」

松下さんが言うには、頭のいい奴は小才がきいて、小回りきかせて、ずるいことを考えて、自分はうまく立ち回ろうとか、得をしたいとか、ロクな考えをもたないと。

だから頭のいい奴は、どっちかっていうと不まじめで性格が悪いのが多いからよくないと言うんだね。

「私は小学校もロクに出ていません」

と、松下さんは自分の学歴についても説明した。

どうも大学へ行くと、余計なことを覚えてくると。高校を出た社員ならば入社してすぐ給料を払っていいけど、大卒は、大学に行った4年間は、ロクなこと習ってないから4年かけて悪いものを全部取り除かなければならない。

したがって入社4年間はむしろ給料をあげるんじゃなく、授業料が欲しい。もちろん、偏差値の高い大学も何も関係なく、大学の4年間はムダだと、こう言ってました。

次に、僕は、

「会社の幹部になるには、健康が大事ですか？　丈夫じゃないといけませんか」

と質問した。

すると松下さんは、

「いや、健康も関係ない。私は結核患者だ。治ったわけじゃなくて、進行が止まっただけの半病人だ。それがむしろ良かった」

どういうことかと言うと、健康な人間は陣頭指揮をとりたがって、つい、俺について来いというワンマン経営になりがちだと言うんです。往々にして、後ろを振り返ると誰もついてこなくて自滅するパターンが多いんだ、と。

しかし、自分は半病人だったから、後方経営、いちばん後ろからトコトコとついて行くと。

これはシンドイよね。

だって後ろから経営者がついてきたら、やっていることが丸見えなんだから。

でも、これが経営の基本だと松下さんは言う。

後方経営、つまり全員参加です。皆、わからないながら前を走っていくわけで、ボトムアップの経営でしょう。若い人間でも思い切ったことができるから、互いに活性化する。だから、健康である必要はないと言うわけ。

頭の良し悪しも、健康も関係ない、じゃ誠実さで評価するのですか？　と僕は重ねて質問した。すると、誠実さも関係ない、と言い切るんです、松下さんは。

というのは、どんな誠実そうに見える人間も、窓際にポーンと左遷されたとたんに誠実じゃなくなると言うんです。

サボタージュしたり、やる気を失うでしょう。会社に対するグチがはじまる。

逆に、陽の当る、いいポジションにつけば誰だって誠実になれるんだと。だからむしろ社員が誠実でなくなったとすれば、それは経営者の責任であると言うわけです。

「じゃあ、どこを見て、その人間を抜擢するのか？」

と聞いたら、松下さんは、しばらく考えこんでいた。そして、こう言った。

「強いて言えば……、明るさかな」

頭がとても良くて、まじめで勤勉、健康も申し分なくて、よく働く誠実な人間がいると。その人が来ると、会議の空気が冷え冷えする。そういう人間が実際にいるけど、そいつはダメだ、と松下さんは断言した。

人の「運」はわかる

明るさのない暗い人間が幹部になると、皆、ヤル気を失う、熱気がなくなる。そういうことが、まずあるでしょうね。

暗い人間って、いろんなもののマイナス点ばかり見て、とかく批判的になる。物事というのは、表と裏が必ずあって、いろんな見方ができる。ところが暗い人間というのは、物事のマイナス面、欠陥、アラばかり見てしまう。

人は、その欠陥ばかり指摘されれば、誰だってヤル気をなくしますよ。

さらに悪いのは、上の人間が欠陥ばかり目をつけていると、部下も、それを見習うでしょう。だって、部下がいい面を見て主張すれば、上司にお前は楽天家、ノーテンキな奴だと、バカにされてしまう。

だから上のネクラに迎合して下の人間も、皆、批判的なことを言いはじめる。となると自分じゃ何もしない集団になってしまって、物事が前へ進まなくなる。

これも、松下さんに聞いた話ですが、トップになる人間の条件として、「運のいい奴じゃないとダメだ」と、彼は言った。

「人の運なんてわかりますか?」

そう問いただしたら、松下さんは「わかる」と、はっきり言った。この辺が松下流なんだね。

運命というのは明るさと結びつく、明るけりゃ運は開けるんだというのが、彼の主張だった。

確かに、僕らが子供のころ教わったのは、「運・鈍・根で生きろ!」と。僕は、滋賀県出身で、近江商人の末裔《まつえい》ですから「商人てのは、運・鈍・根、この3つだ」と、よく言われた。鈍とは、バカってことだ。利口なのはダメだと、バカになってやりなさいと。

相撲だって、野球選手だってバカになってガンバッてるでしょう。目先の得を考えて小回りをきかせたり、手抜きするような小利口なのは、やっぱりダメ。バカになってやることがとても大事でしょう。

根というのは、根気。諦めないでコツコツやる。バカになって、根気よくやれば、必ず運が開けてくるというわけだ。

というのは、失敗する。失敗して、運が悪かったからだと言う。

いや、これは違うんだ。失敗というのは、諦めたときが失敗。そうでしょう。何度も何度もやってれば、まぐれで成功するかもしれないけど、諦めたら、それでおしまい。つまり失敗だ。ズーッと諦めないで、鈍・根でいつまでも頑張っていれば、確かに運は開けて成功するものです。

もっと言えば、運を開くのは、明るさ。明るさとは、失敗にめげないことでしょう。失敗して暗くなると、批判的になって、アラばっかり言うようになって、結局、運も開けてこない。

もっとも、僕は本当はネクラな人間でね。だからこそ、運・鈍・根という発想に、体で反発しながらも、面白いと思うんだ。

とにかく、自分をアピールしたいと思ったら、自分の明るい面を出さなきゃいけない。ネクラのアピールなんて誰も乗ってこない。

僕の学生時代？　グチっぽくて暗い時代だった。僕は大学に7年もいたけど、明るければもっと早く卒業できた。何をやってもダメで、わが青春はほとんど闇……。

ひとつには、若いときは、明るく振る舞うことはレベルの低い人間とされるわけ。世の中を批判的に言ったほうが、一家言ある奴だと認められたりするでしょう。若いときってそういう錯覚に陥る。僕もそうだった。バカだね。

じつは、人間というのは、みんな暗いんです。じめじめしているんですよ。

俺、ダメだなって、みんな思うでしょう。みんなグチっぽくってね、これは、会社の上司も同じで、基本的にみんな暗いんです。だからこそ、人の暗さなんて見たくない。社長も、部長も。だって自分の暗さを知っているのに、それがイヤでイヤでたまらないのに、目の前で若い者がグチグチと言ってたら、「あっちへ行けッ！」って怒鳴りたくなる。

つまり、グチって、ある意味で怠惰であり、甘えでしょう。そこにいかないようにみんな頑張っているわけ。虚勢を張りながらギリギリまで頑張っていくんでしょ。それが明るさなんだから。

もっと言えば、明るい面をアピールすることで、暗い面が影になって発想が立体的になる。もともと暗い人間が暗さをアピールしても、平板で奥行きも感じられない。それどころか単なる穴ボコだ。あるいは、明るさだけの人間も、これは本当のバカ、としか見られない。

スタンドプレーとグランドプレー

バブルの時代というのは、酔っ払って暗さを忘れた時代だった。不況という暗さを、すっかり忘れてしまったでしょう。

ただ銀行から金を借りて土地を買い、それを転がしていっただけで金持ちになった。それだけのことですごく能力があるんじゃないかと思ったわけでしょう。

暗い影と明るい光の面とをもった立体的な発想が必要なんです。暗さがなければ薄っぺらな紙切れに等しいわけだから。まず自分の暗さを認識した上で、明るさをいかにアピールするかが大事なことなんです。

話は飛ぶけど、僕が『朝まで生テレビ！』などで、パネリストたちの意見をさえぎる、途中で強引に止めさせてしまうのはけしからん、とよく怒られるけど、これは誤解なんです。

僕が「それは止めて欲しい」「違いますよ」というのは、相手の、いわゆるスタンドプレーが過ぎるとき。パネリストが自分の言いたいこと、主張を表現するためにいろんな手段を動員する、パフォーマンスをする。これはいい。だけど、スタンドプレーだけでは困る。この違いが実は大事なんです。

たとえば、清原[※14]や長嶋[※15]などの野球選手が、懸命にプレーする。これはいわばグランドプレーです。グランドプレーがあって、その上で客のサービスのためのパフォーマンスをするのは必要だろう。しかしグランドプレーなしのスタンドプレーは困る。

討論会でも同じで、僕が話をさえぎるのは「グランドプレーなしのスタンドプレー」が出たときなんです。そういうスタンドプレーってむなしくなるでしょう、テレビを見てても。だから僕は怒るんだ。「それは違うよ。誰もそんなことなんか聞いてない!」って。

野球選手はグランドでプレーするわけでしょう。彼らが最高のプレーをしたときに観客が喜ぶ。それをグランドプレーというんです。観衆目当てのプレーをしたって誰も喜ばない。

つまり自分の本来の土俵から外れたところでどんなかっこいいことを言っても、それはスタンドプレーに過ぎない。自分のグランド内で最高のプレーをして喜んでもらえるのが、自己アピールでしょう。

会社でもアピールとしてのグランドプレーは必要です。でもスタンドプレーはダメ。ゴマすりってのは、どちらかというと、スタンドプレーに近い。これは、たとえ上に認められても、長続きしない。だって上司なんか、いつか変わるわけ。変わったとたんにゴマすり男はアウトだ。つまり、その上司以外、みんな「あのヤロー！」って思ってるわけでしょう。

何もゴマすりじゃなくても、スタンドプレー的なものは山ほどある。たとえばつき合いなんかがそうだ。

よく、最近の若い奴はつき合いが悪くなった、と上司がグチ言うでしょ。カラオケぐらいできなきゃダメだとかね。

確かにそういったつき合いは、人間関係を円滑にする場合もあるけど、いいんです、そんなことは。ゴルフもできない、カラオケもダメだといえば、なさけない話に聞こえるけど、でも仕事ができればいいわけでしょ。

つき合いはできないけど仕事は人一倍やる、と。周りに合わせるだけの「スタンドプレー」じゃしょうがないんだ。

もっと言えば、やりたいことがなきゃ話にならない。つき合いがよくて、お世辞が上手で、カラオケもうまくて、それで、いったいあんた、何をやりたいの？　と聞かれて何もない人間は、これは、いったい何のためのアピールなのか。

だってアピールするってのは何かしたいことがあって、そのために自分をアピールするもんでしょう。カラオケ？　ゴルフ？　そんなのは自分のグランドプレーじゃない。だったらプロの歌手になったほうがいい。

"相手を知る"にまさる"自分を言う"

それと同じことで、ある大学教授が、こんなことを言っていた。

彼がアメリカの大学に行って、講義をした。

でも最初は全然ウケない。日本の学生にウケる講義はアメリカではウケないんです。

そこで、一生懸命研究しアメリカ流のアメリカ人にウケる授業をやっとやれるようになった。ところが今度はイギリスの大学に行ったら、アメリカ流じゃ全然ウケない。やっとイギリス流をマスターしたと思ったら今度は、スイスの国際大学の教授になった。1クラス50人だけど、38か国からきた生徒がいる。もう、ノイローゼみたいになった。どうしていいかわからない。そこで、彼ははたと気づいたんですね。「俺はいったい何が言いたかったのか」と。

彼は、アメリカとつき合うならば、アメリカのことをいかに知るか、習慣、価値観、歴史、文化などを勉強して、いかに知るかが大事だと思ってた、という。それはイギリス、フランス……、すべての国を勉強していくことが、国際化社会の一員になることだと。

ところが、日本人はそうやって努力してきたけど、それでも国際化時代に対応できていない。それどころか認められもしないと……。何かが不足していると彼は言うんです。

考えてみたら、これは国際化社会に限らず、相手のことを知ることも大事だけれども、それよりも、自分の言いたいこと、やりたいことを表現していなかったんじゃないか、と。

これが人間関係の基本なんです。

日本人は今まで、戦争に負けたこともあって、こういうことはやりません、軍隊は持ちません、核も持ちません、ということだけは言ってきた。で、アメリカやイギリスなどの言うことも、よく守りよくやってきたと思う。

それでも、信用されていないでしょう、日本は。なぜだ？　何が抜けているのか。

何をやりません、ではなくて、何をやります！　というのが完全に抜けていたんです。

つまり、自己表現の基本は、私はこういうことがしたいんです、言いたいんです、と主張することだと思う。これはそのまま、今の若い人たちに言えることだ。

明治大学の就職担当部長の西[※16]さんが、最近の学生は知識も豊富だし、就職の勉強もしているけど、自己表現がヘタだ、と言っていた。

つまり、会社側はわずか数分ほどの短い間で、この学生はどんな人間か、何をやろうとしているのかを、いろんな形で質問する。にもかかわらず、自分のやりたいことも言わないから、結局、スタンドプレーに見えてしまうというわけ。

自己をアピールする基本は、自分が何をやりたいか、それをしっかり持っていること、それを明るく主張し続けることなんです。しつっこくね。

※14　清原和博。元プロ野球選手。1986～2008年までの23年間、西武ライオンズ、読売ジャイアンツ、オリックス・バファローズの3球団でプレー。

※15　長嶋茂雄。元プロ野球選手、野球監督。読売ジャイアンツ終身名誉監督。

※16　西功。1970～80年代に明治大学にて、現在の就職ガイダンスのさきがけとなる取り組みを始めた人物。

第6章

成績と能力の間違い

成績を上げようとする愚

優等生っていうのはね、成績がよくなればいいと、それだけを考えてきた人間でしょう。そう、つねに成績を上げようと頑張ってきた連中だ。ところが、だからこそ偏差値の高い大学に入っている人間は往々にしてロクでもないことをやるんです。

たとえば、東大に入りたいというのは悪くはない。早稲田に入りたいというのもいい。何かをやりたいという目的のために入るのならいいんです。大学に入るのは手段であって、入って何をやりたいんだという目的がなきゃいけない。

ところが、優等生たちは東大に入るために、早稲田に入るために、小学校の頃から塾に通い、偏差値を気にしてきた。つまり大学に入ることが目的になってしまっている。早くもこの時点から優等生は、目的と手段がひっくり返ってるんだ。

そうすると、学生時代にやるべき大切なことを全部やらないで終えてしまうわけ。あるいは考えるべきことも考えない。もっというなら自己主張とか自己表現をやめた人間ほど偏差値の高い優等生といわれてるだけの話です。

大学に入るときに人生とは何か、生きるとは何か、受験勉強なんかくだらないじゃないかと考えていたら偏差値が悪くなるだけなんだから。そうでしょう。

ある意味では優等生ほどくだらないものはない。

彼らは目的と手段を取り違える練習をしてきてるわけ。目的と手段を逆転させるなんて間違いでしょう。逆説的にいえば、その間違いを犯した人間ほど優等生になる。

成績を上げるだけが人生の目的になっている人間がドーンと大企業に入っていく。これが今の日本です。

自分のない恐さ

証券[※17]スキャンダルが起きた。あるいは都市銀行のスキャンダルまで出てきた。

なぜ、こんな事件が起きたのか？　というと、経営者たちは企業モラルの問題とか企業の社会的責任の問題だとか、よくわからないことで始末をつけようとしている。

それはまったく違う。そんな問題なんかじゃない。

最大の間違いは、企業が優等生ばかり集めてしまったことにある。

優等生は会社をダメにしてしまうんです。

企業はもともと金儲けのためにある。

決してボランティア活動をするためにあるんじゃないし、文化活動が目的でもない。そんなことを熱心にやり過ぎて会社を倒産させたらバカと言われて終わりでしょう。

やっぱり金儲けです、基本的にそうなんです。

いくらリッパなことを言っても、優等生たちは、金儲けが会社の本質だとわかっている。証券会社はまず株を売ろう、銀行は金を貸そう、自動車会社は車を売ろうという話になる。これは当たり前なんです。

ところが、ここで怖いのは、その大前提はみんなわかってるから、みんなそれに向かって走るでしょう。売るためにはどうすればいいか。もっと売るためにはどうすべきか、とね。大前提が決まると、価値観が、考え方が、みんなモノトーンになる。

これがもっとも危険な状態なんです。

みんなが、「金儲けが大事だぞ」というときに「金儲けより大事なものがあるんじゃないか。売れないほうがいいんじゃないか」とか、本気で思う人間は、今までの常識で言えば劣等生、落ちこぼれです。

ところが、この劣等生こそが今、必要になっていることに企業も社会も気がつきはじめたんです。暴走してスキャンダルが起きてようやく目覚めはじめたんです。

少し話は脱線するかもしれないけれど、僕は、『サンデープロジェクト』[※18]（テレビ朝日）という番組のスタッフにひとつだけ注文をつけていた。

「視聴率10％を取らない番組にしよう。10％取る番組になると危険だよ」と繰り返し言っていたんです。

テレビは、何だかんだといったって視聴率を取らなきゃいけないでしょう。視聴率取れなかったら、誰も見てくれないし、スポンサーもつかない。

でも視聴率を取ることでの怖さがあるんです。

視聴率を上げればいいという発想だけで番組を作れば、お客様におもねる番組になる。大林雅美[※19]さんを出そうとか。あるいは、下ネタがいいよ、とか、それはもう際限もなくおもねっていく。

すると、いったいオレたちは何をやりたいのか、何のためにテレビ番組の制作にかかわっているのか、基本がわからなくなる。

ここが怖い。目的と手段が逆転してひっくり返ってしまって。

自分のやりたいことがあるから番組を作っている。言いたいこと、表現したいことがあるからテレビに出る。

ところが、この目的がいつの間にか、視聴率を上げる手段ばかり熱心になってしまって、ウケ狙いばかり考える。この目的と手段のひっくり返りが怖いんだけど、優等生ほど、これをやってしまうんです。

人間評価の異変

人間には能力差なんてないと思う。

そもそも能力差なんて言い方がおかしいんで、あるモノサシで計ったときに、能力のある人間とない人間がいると。つまり100メートルを何秒で走るかと。それは早い人間と遅い人間がいる。でも、どっちが相撲が強いかというモノサシで計ると、違うわけだ。100メートル走るのが速い人間が弱かったりするでしょう。

じゃ、絵を描くモノサシだったらどうなのかと。そうやってモノサシを変えていけば人間の能力差なんてものはそう簡単に計れるものじゃない。

いままでの企業はモノサシがひとつだった。100メートル競走みたいなものだ。ところが、どうも100メートル競走が早いだけの人間ではダメだと。やっぱり歌のうまい人間もいるし、ケンカの強い奴もいる。レスリングの強いのもいるし、それが多様性というものだ。

ところがこれまで多様化の時代といいながら、じつは企業の経営者たちはそんなこと気がつかなかった。

なぜかといえば経営者たちが育った時代は、アメリカやヨーロッパに追いつけ追い越せというはっきりとした目標があって、それに向かって走ればよかった。それで走り続けて経営者になってみたら、もう頭はカチンカチンで、物事を判断する能力がない。

かつての判断基準で多様化とか変革とかいっても、まるで理解できない。だから優等生だけを集めた。その結果が今の大暴走です。

先日も、ある大手メーカーのセミナーに呼ばれて行ったら、幹部たちが本気でこう言っていた。

物を作ることの魅力が、社員もわからなくなってきたって。いったい、これで若い連中を引っ張っていけるのか不安だ、正直言って、どうしたらいいのかわかんない、とこぼすわけ。

要するに企業のほうも、いままでのモノサシではダメだなとわかってきた。

それじゃあ、これからの人間はどうしたらいいのか、というと、これまでは企業や社会がモノサシを用意してくれて、そのモノサシに自分を合わせてきたんです。いってみれば洋服を買うのに、デパートや洋服屋が用意している服に自分の体を合わせてきた。そのときにうまく服に自分を合わせられるのが、生き方のうまい人間だった。

昔の軍隊についてのブラックジョークだけど、最初、当てがわれた軍服は自分の体に合わないんだけど、だんだん合ってくる。そうなると一人前の軍人だと。いままでの日本の生き方は、まさに与えられた服に体を合わせる生き方。

ところが、既製服はもうないんです。だって会社はどんな服を与えていいのかわからないんだ。

「どういう服を作ればいいんですか？」と、むしろ会社が聞いているんだから、「俺はこう服がいいと思う」と主張すればいい。こういうことを会社でやりたいんだと主張できる時代になってきたんです。

逆にいえば、こういう生き方がしたい、こんなことをやりたいといえる人間を企業は求めているんです。

「好き探し」という武器

人生というのは、自分の好きなことをやるためにある。オレはいったい何をやりたいのか、真剣に考えるべきなんです。少なくとも僕はそう思っている。

それなら、いったい、本当に好きなものって何だ。これを探すのが非常に難しい。つまり、若い時代にいちばんやるべきことは、この難しいテーマに取り組むこと。〝好き探しの時代〟と言ってもいい。

偏差値競争をすることよりオレはいったい何をやりたいのか、何が好きなのか。それを探すことに時間をつぶすほうが……いや、探さなきゃいけないんです。

僕は大学を7年かかって卒業して、しかも8社の就職試験を受けてね。ことごとく落ちたりね。

ようやく岩波映画に入れたけど、僕は機械はぜんぜんわからないんだ。それがカメラ助手をやるんだから、ミスばかり。半月で現場からはずされて、落ちこぼれちゃって。自殺まで考えるくらい、落ち込んだ時期があった……。

それから、会社を4つも変わったりした。だけど、失敗続きの中で、僕は〝好き探し〟ができた。これがいちばんよかったと思う。好き探しをやった結果が今の自分だ。

もし、最初に大新聞社とか、あるいは大のつくメーカーに入って出世競争をやってたら、とても好き探しなんかやってる余裕はなかったと思う。

幸か不幸か、そういうところからはずれちゃって、人と競争するんじゃなくて、俺はいったいなんだってことを探さざるをえなかった。

何しろ自分ひとりしか歩いていないんだから、たえず自己確認をしなければいけなかったわけ。オレって何なのかって。キザにいえば自分の影と戦ってるみたいな……。

作家といわれる人たちだって、紆余曲折《うよきょくせつ》をしてきたんだ。

その紆余曲折が今や彼らの生きるエネルギーになり、肥やしになり、発想の源になっているわけでしょう。つまり紆余曲折の中で、〝好き探し〟をやってきたんです。

今の偏差値教育、よい子教育の中でいちばん問題なのは、好き探しをする無駄な時間を作らないこと。

あまりにも合理的に、無駄な時間を作らなくてドーッと走らせるでしょう。いちばん肝心なものがポーンと抜け落ちる。

これが大問題なんです。

だって今、無駄だといってそぎ落としてきた最も無駄な部分を、最も必要としてきているんだから。

小さな正確、大きな誤り

フリーターという新しい落ちこぼれが出てきているのは、自然の法則かもしれない。時代が求めているという意味で。

というのは、戦後、新しい流れを作ってきた尖兵《せんぺい》は、じつはみんな落ちこぼれなんです。学生運動をやっていたおかげで企業には入れなかった連中ばかりでしょう。

パソコンブームを支えたのも学生運動崩れだったし、コマーシャルもそう。あるときはそういう連中が歌の世界でも活躍したし、芝居の世界でも同じ。週刊誌の記者なんかも、多くは学生運動崩れですし、いわゆるブームといわれるものを支えてきたのは、みんな落ちこぼれた人間だ。

今日本が危ないなと思うのは、学生運動がなくなって落ちこぼれがいなくなってきたこと。

そのかわりフリーターが、まるでダーウィンの法則のように出てきた。これまでは学生運動をやったから社会に受け入れられなくて落ちこぼれたけど、フリーターは自ら選択して落ちこぼれていく。

この違いはあるけどフリーターが、これからの時代のメインストリームの尖兵になっていく可能性はあると思う。

つまり、ひとつのモノサシの世界ではフリーターは落ちこぼれではあるけど、多様化してたくさんのモノサシで計られる時代になると、苦しみながらも、〝好き探し〟をやった人間がこれからの時代の潮流を作る尖兵になっていくはずなんです。

〝自分探し〟とか〝好き探し〟をやるのは自分との戦いのようなものです。そして戦いは、つねに重苦しい。挫折を経験しなければならないわけだから。

しかし、挫折は早い時期にしておいたほうが絶対にいい。

優等生の危なさは、若いときに挫折してないことにあるんです。優等生の官僚とか一流企業に入った人間たちは、最後に大きな挫折をする。部長になった、もう一息で役員だと思っていたら、なれなかったとか。

運動会でも競馬でもいいけど第3コーナーをうまく駆け抜けてきて最後の最後、ホームストレッチに入ってきた、ここで挫折してしまったら、もう立ち直ることはできないでしょう。

これはもう人生の挫折になっちゃうわけです。俺はいったい何のために生きてきたんだと、そのときになって〝自分探し〟やっても、もう遅い。

やっぱり、第1コーナー、第2コーナーでは、挫折したって平気、いくらでもやり直しはきく。若いときなら女房も子供もいないし、しょせんキズにもならない。

だから、高校や大学に落ちるのは、ラッキーであり、ハッピーなんです。

ただ、勘違いしてもらったら困るのは、自分が好きだからといって続けても誰も認めてくれなかったら、それはダメ。はっきりと挫折を意識することですよ。

作家でいうならば、自分が好きなことを書いて誰も買ってくれないのは同人雑誌の世界。ただの趣味です。

プロは、自己表現して、それを一定の人間がサポートしてくれる。認めてくれることをいうんです。テレビでいうなら10％の視聴率を取る必要はないけど5％は取らなければプロじゃない。つまり自分の好きなことを表現して金がとれなければプロじゃないんです。

だから会社の中で自己主張をしても、認めてもらえなければプロじゃないと思っていい。そこで頑張ってみるのもいいけど、俺には合わないと思ったら転職して、もっと自分が好きなものは何かと考え続けるのもいい。僕の場合、4回も会社を変わっているしね。

負け惜しみで言うんじゃないけど、優等生集団は、世の中を危なくするんです。挫折を知らないから、「小さな正確、大きな誤り」を犯しやすい。

優等生は細かいところでは全部正確にできる能力はある。ところが、大きなところでは間違うんです。

しかし、落ちこぼれは、小さな誤りは繰り返すけど、でっかいところでドーンと勝つ。

今、そういう人間を世の中は求めている。だから〝自分探し〟〝好き探し〟を苦しくてもやり続けることが大切だと思う。

※17　1991年に次々と発覚した損失補填や株価操作のための大量取引など、株式取引での証券会社が関与した不祥事。

※18　1989年から2010年まで毎週日曜日に生放送されていた報道・政治討論番組。朝日放送、テレビ朝日の共同制作。略称「サンプロ」。

※19　元タレント。俳優上原謙の元後妻。上原の長男・加山雄三との確執や自らの不倫などで、世間を騒がせ「悪女」などの流行語を生んだ。

第7章

次の読み

コンプレックスの強さ弱さ

僕は田中角栄にインタビューしたことがある。ロッキード事件で逮捕されてから初めてマスコミに登場したときで、彼は、闇将軍と恐れられていた。その彼の話を聞いていて、すさまじいコンプレックスの塊だと、僕は思った。

彼は小学校卒業で総理大臣になって、豊臣秀吉の再来、今太閤といわれた男。ところが、「僕は小学校卒業じゃないよ。僕は中央工学校を卒業したんだ」と、こだわる。僕から見れば、中央工学校卒というより小学校卒のほうがはるかに彼にとって勲章だと思うけど、断固として中央工学校卒業を主張して譲らない。

さらに、新潟県の西山という、片田舎に生まれて、家はあまり豊かではなかった、と説明すると、彼は断固訂正を求めた。

「西山は、君ね、片田舎じゃないよ。関越自動車道のインターチェンジがあるんだからね」と。自動車道もインターチェンジも、自分で造ったものなんだけどね。

そして、「貧乏だったと伝えられているけど、これは違うんだ。自分の家は決して貧乏じゃないんだよ」と、一所懸命に話すから、かえって総理大臣をやった自民党の当時の最高実力者の、非常にこだわった話しぶりがじつに印象に残った。

さらに驚いたのは、彼は子供の頃、吃音《きつおん》ぎみで口ベタだったと言う。

田中角栄といえば雄弁家で、じつに説得力があり、しかも、コンピューター付きブルドーザーと呼ばれていた。アイデアは豊富で、行動力があって、子供の頃とはいえ話すのが苦手な人間だったとはとても思えないでしょう。

それじゃ、いつ、どうやって問題を克服したのか？

人のいないところで六法全書を読んだというんだ。嘘か本当か知りませんよ、本人が言ったんだから。声を出し歌を歌うように全部暗記してしまうほど読んだと。

彼は政界では「生きた六法全書」とまで言われていたし、彼は議員立法をやたらに作った。これは事実です。

それは子供の頃、吃音を直そうとして六法全書を読み、丸暗記したから法律に詳しくなった。それが習慣になって、いつも六法全書を抱えて歩いていたというんです。

ある日、保守政界の大御所、吉田茂が、「おかしな男がいる」と、若くして国会議員になったばかりの田中角栄に目をつけた。

「あいつは六法全書をいつも抱えている。あれは単なるミエじゃないか」と。

それで吉田茂が田中角栄に難問を次々と突きつけた。

その質問に田中角栄はポンポンと答えた。

それをキッカケに吉田茂に可愛がられて彼は最年少で大臣になったり、異例の出世をしていくんだけど、その原点は子供の頃にあったという。

学歴もないし、閨閥《けいばつ》もない、しかも言葉に対するコンプレックスがあった。

しかし、これが田中角栄のエネルギーになったのは間違いない。

彼に限らず人間は、コンプレックスの塊だと思う。

大きなことをやる人間ていうのは、そのコンプレックスとの戦い、自分との戦いといってもいい、この戦争を必ずといっていいほどやってきているんです。

戦う意志のない人間の恐さ

ところが、今は、コンプレックスを持ちにくい時代になってしまってるね。

女にモテないという悩みも、明らかに減ってきているし、貧乏に苦しんでるというのも見なくなった。学歴だって、そんなに気にしなくても生きていける時代になってきたでしょう。

具体的に言えば、これまで女性にもランクがあると思ってたの。

ひと昔前でいうなら、吉永小百合が一番で、とか。まるで東大が大学の一番上だと言ってるように。ところが今のアイドルはどんどん個別個性化、「隣のお姉さん化」している。

また一方では、東大を避けるようになってきた。

学歴偏重でやるとロクな社員が採れないことがわかったし、会社を滅ぼすと。となるとこれは学歴にコンプレックスを感じる必要はない。

ブランド信仰が崩れたのと同じだ。今までは男も女もブランドで相手を選んできたけど、今ごろブランドに凝っている奴は、野暮だと、今やまったく違う基準があるんだ、と。もうそこまで来てる。

そういうことに若い人たちが気がつきはじめた。

違うよと。女にモテないと悩むのは間違いだと。自分の好みの女性っていうのがある。むしろ好みの女性を見つけられない男はダメなんだと。こっちが好みがあるのなら、向こうだって好みがある。つまり相性のいい女性、パートナーを見つけられない人間がダメな奴なんだと、みんなわかってきたでしょう。

今はそれだけにコンプレックスを持ちにくい時代だと思う。

むしろコンプレックスを持っているのは稀少なことになった。だから逆説的だけど、今はコンプレックスを大事にしなきゃいけない時代なんだと思う。

5分でコンプレックスを治そうなんてハウツーがあるけど、そんなことをやっても意味がない。

あるいは、他人にどうせ私はダメな人間だからと、平気で言ったり、簡単に割り切って諦めるのもよくない。

つまり、そこに戦いがないでしょう。コンプレックスを持つことの良さは、自分といかに戦うか、いかに苦しむかですよ。

まさにそこが大事なんだ。それを簡単に割り切ったり、5分で克服できたら、そんなのは何のエネルギーも可能性も沸いてこない。

自分のことを振り返ってみても、子供のときに野球の選手になろうと思ったり、画家になろうとしたり、作家も目指したけど、みんなダメになるわけ。

作家を断念して、まともな就職をしようと思っても、周りは採用されていくのに、自分は就職試験に落ちる。俺はどうしてこんなにダメなんだろうと、どうして世の中に認められないんだろうと、自信を失う。大挫折だよね。

俺って何だろう。考えれば考えるほど、コンプレックスの塊になっていく。

今から見ると大したことないのにね。

だけど、当時は、なぜ俺は認められないんだと、そんなことにコンプレックスを感じてしまう。僕はずっとそのことで戦ってきたと思う。せっかく入った会社もうまくいかなくて次々と転職したり……。

テレビに出てしゃべるなんてことは、夢にも思っていなかった。人前でしゃべるなんてことは、僕にはとてもできない。適性がない、と思っていた。

就職試験で僕は、すべて面接で落ちた。

なぜかというと、まず声が悪い上に、発音がはっきりしていないから、何を言ってるのかわからない。しかも、言葉に毒があるんだと思う。

人相も悪い。明るい顔じゃないから、少なくともテレビに出る人間ではないと思う。僕はテレビのディレクターをやっていたから、テレビ映りのいい顔、悪い顔はよくわかっている。長い顔よりちょっとポチャッとした丸顔がいいとかね。だから僕がキャスターを選ぶとしたら、絶対に僕を選ばない。

ところが、今、僕はなぜかテレビでしゃべってるわけ。テレビに出てしゃべる適性っていうのは、じつは顔、声の良し悪しじゃないんだ。

そのことに若い頃は気がつかない、コンプレックスの塊だからね。

次の次の読み

じゃ、適性とか才能とは何か？

たとえば、僕はとても野球が好きだった。中学、高校のときにやってきて、厚かましくも甲子園大会に出て試合をしたい、なんて思ったこともあった。ところが、肩が弱くて、足が遅くて……。野球が好きなのに、運動的センスでは人より劣っている。

でも、今考えてみると、「野球が好きだった」ということ、それ自体が、僕にとっての才能なんだ。

他の人が面白いと思えないことに対しても、僕は面白がれる、そういう見方をすることができる能力がね。

たとえば僕にとって、野球の面白さは、〝間〟にある。動かない、静のときに、次のプレーを読む。バッターは次にピッチャーがどう投げるのか。ピッチャーはバッターがどんな球を待っているのか、そして守備陣もバッターの心理、能力を読んで次のプレーに備える。野球の面白さは読みに尽きるわけ。

次、次、次を読んでいく。

読まないで野球を見るのは実につまらない。

読みのうまい解説者の話を聞いていると面白い。だけど読みのヘタな、はずしてばかりいる解説者はダメでしょう。

野球のプレー自体がうまいヘタは関係ない。名選手じゃなくても読みのうまい人はいる。どっちかというと僕はそのクチかな。

偶然ではあるけど、野球を断念して作家になろうと思ったのは、今から思うと、つじつまが合う。俺は読みができる、うまい、だから作家になろうと思ったわけじゃないけど、読みという点では野球と作家には共通点がある。

作家だって誰も面白がらないような日常の出来事を深読みして面白がり、ドラマを作るわけだから。

だから今の僕は、その〝読み〟の面白さをテレビで表現しているんだと思う。

声の良さとか顔にこだわる必要なんかなかったのかもしれない。しかし、コンプレックスとの戦いをやってきたことは、僕にはすごくプラスだったと思う。

自分を放り出す

挫折、コンプレックスというのは、ピントはずれ、見当はずれの突進ゆえに生ずるものなんだと思う。

自分に合っていないことをやりたいと思ったり、相性の合わない女性に惚れてしまったりとね。

しかし、相性、自分の才能が発揮できるターゲットというのは、じつは見当はずれで突進したすぐそばにある。そういうものなんだ。最初にこれだ、と思ったもののすぐ脇にある。

しかしそれを見つけるには、挫折してコンプレックスを感じて、猛烈にあがく必要がある。必死にあがくことで、となりのターゲットが発見できる。必死のあがきをやらないで、いきなり自分の才能にぶち当たれるわけがない。

とりあえず好きなことをやってみる。

そこでコンプレックスを感じる。戦う。もがく。

その過程、体験の中で自分の進むべき新しい可能性を発見できるんだと僕は思う。

いつか、創業経営者10数人を取材したことがあるけど、多かれ少なかれ、コンプレックスとの戦い、自分との戦い、この戦争をやっている。

しかも、彼らのほとんどが共通して、同じような体験をしているんだ。

自分との戦い、それを克服するために、突破するために、たぶん血みどろの戦いをやって、そして新しい自分の可能性、才能を発見する。

それを自分を克服したというんじゃないかな。心が開けたといってもいい。そして強烈なエネルギーが出てくる。その中で決断力、判断力もついてくる。

京セラの稲盛[※20]さんやヤオハンジャパンの和田会長[※21]、彼らは同じような体験をしているんです。

会社を創業するでしょう。

会社が軌道に乗り始めると必ず労働組合ができた。労組は自分たちの要求を通すためにストライキをやる。しかし、その要求を飲めば会社は潰れてしまう。

そういうときにどうするか。

自分はもちろん相手の言うこともわかる。ギリギリの戦いをやってるんですね。

このときに稲盛さんも和田さんも同じようなことをやって、克服している。

「もともと企業は経営者だけのものではない。みんなのものだ。みんなが会社が潰れても、自分たちの要求が正当なもので通したいと思うのなら、会社が潰れてもいい。だけど私は嘘を言ってるわけじゃない。会社の内容は私がよく知っている。口で言ってもわかってもらえないこともわかっているから、会社の内容を全部、出す。それをよく見て検討して欲しい。それでも要求を通すというのなら、構わない」

と、判断を預けてしまった。

これはなかなかできることじゃない。小手先のテクニックじゃないからね。

「腹を割って話せば物事は解決する」という言い方がある。

話せばわかる、という言葉があるが、話したってわかるわけがない。ギリギリの所で経営者が自分を突っ放して相手に心を開く。倒産も仕方がないと覚悟して、すべてをオープンにする。

これは話し合いというお手軽な妥協を越えたギリギリの選択、戦いでしょう。そうすれば相手も本気になって、じゃ考えてみようかとなる。

この決断をうながすバネになるのは、やっぱりコンプレックスとの戦いを経験し、一度自分を突き放し、新しい自分を発見するという体験が大事だろう。

俺はどうにもダメな人間だと、ギリギリのところまで自分と戦う。それは自分を客観的に見つめることになる。その体験が、結局、新しい可能性、新しいエネルギーを生んでいく。

逆に、客観的に自分を見つめたことのない人間は心を開けない。

官僚出身の政治家や経営者はギリギリの守りに弱い、といわれるのは、心を開いて相手ととり組むという姿勢がないから。

なぜ心を開かないかといえば、コンプレックスとの戦いがなかったからですよ。エリート官僚であればあるほど挫折がない。成績がよくて、みんなにほめられて東大にスイと入り、また東大をいい成績で出て、キャリア官僚になって、と、挫折のないまま生きてきたわけだから。挫折との戦いがなければ、自分を突破した経験もない。自分を捨てたこともないから、心も開けない、閉じっぱなしで生きてこれたんだ。

じつは、自分にコンプレックスがあって、自分との戦いをやって、自分を突破した人間というのは、失敗が怖くない。すでに何度も失敗を経験してるからね。

逆に、コンプレックスと本気で戦ったことのない人間は、やっぱり失敗は怖いでしょう。失敗したら我が人生は終わりじゃないかと思うんだろうね。とても怖がる。で、さらにどんどん閉じていく……。

だからこそ挫折感、コンプレックスとの戦いは、とても貴重なんです。だって、自分の本当の可能性を発見するには、避けて通れないものなのだから——。

※20　稲盛和夫。京セラ・第二電電（現・KDDI）創業者。日本航空名誉会長。日本経済の発展に大きく貢献した実業家。

※21　和田一夫。元ヤオハン代表。静岡県の八百屋「八百半」を世界的な小売業「国際流通グループ・ヤオハン」に発展させた人物（その後、ヤオハンは経営破綻）。

第8章

情報はにおう

情報操作の実際

佐川急便事件[※22]で、新聞やテレビは、佐川急便から金をもらった政治家が12人いると公表した。Aには何億円、Bにはいくらと名前を伏せて報道したところもあれば、実名を出したところもあった。

ところが金をもらったと認めたのは金丸[※23]さんだけだ。あとの11人はいったいどうなったの？　あの政治家が金をもらったんだろうということは、ニュースを見て、みんな知ってるのに、一向に出てこなかった。

すると多くの人はこう考える。

金はもらったんだろうけど、検察が裏がとれなかった。あるいは、その人たちが金をもらったときに職務権限がなかったから……、その関係が明確にならなかったので事件として検察は立件できなかった、と。

しかし、ちょっと待てよ。新聞やテレビが実名を出したのは、なぜ？　どうして報道したの？

新聞やテレビが、あるいは雑誌が憶測だけで書くはずはない。そんな度胸は新聞社にもテレビ局にもない。そんなことをしたら名誉棄損で訴えられるのは間違いないし、相手は政治家で大物ばかりでしょう。

つまりニュースとして報道するからにはそれなりの自信、裏付けがなければならない。それなら、裏付けってどうやって取ったのか。あるいは、公表する決断なり判断なりは何を基準にしてやっているのか？

これはおそらく検察の筋からリークされたんでしょう、という風に言われている。検察が情報を流したから新聞もテレビも「これはいける」と判断して公表したというのが、マスコミの世界の常識になっている。

金をもらった政治家はもちろん悪い。

しかし、もし検察筋がリークしたんだとすると、これは、ひとつ間違うと世論操作だ。

つまり検察筋がリークして新聞が書く、テレビがニュースとして流す。それによって世論が喚起されて、あいつは悪い奴だ、ああいう奴は徹底的に取り締まれ！　という声が出てくる。その世論を受けて検察が突っ込んでいく。

もしそうした検察主導の世論操作があるなら、これは検察ファシズムですよ。

情報化社会というのはひとつ間違うと、その可能性がある。世論をうまく操《あやつ》りながら権力者が自在に社会を動かすようになると、これは怖いですよ。

核心を読む技術

じつは、今の情報社会というのはこうした情報操作が日常的に行われているんです。たとえば企業だってある情報を流すことによってイメージを良くしようとするでしょう。広告、宣伝もやるけど、広告文に書いてあることはリアリティがない。読む側は全面的には信用しませんよ。いい事ばかりしか書いてないんだから、と。

すると、企業は広告文ではないページでほめて欲しいと思う。そのために、しかるべきライターなり編集者に働きかける。Aという自動車会社は素晴らしいものを作るし、しかも従業員も大事にする、大変人間的な経営をやっていると、ある雑誌に記事として出る。それを読んだ学生たちは「広告じゃないから事実なんだ」と思って、その自動車会社に就職したいと思いますよ。これも一種の情報操作でしょうね。

つまり記事というのは誰かが書くんですから、その人間の思惑が働いていると見たほうがいいんです。幾らかの金をもらったり、何かの恩恵をこうむることで書くことだってあり得る。人の好い人間ならその企業の手練手管《てれんてくだ》の説得で書く場合もあるでしょう。僕なんかはヘソ曲がりだから、あんまり執拗にやられると、こんなにしつこく働きかけてくるのは何かまずいことでも隠しているんじゃないかとかんぐってしまったり。

しかし、いずれにしろ色つきの情報、ニュースであることには変わりない。だから多くのニュースには色がついていると、受け手は考えたほうがいい。

その色がついている中で情報をどう嗅ぎ分けるか、これはもう戦争です。ニュースの送り手と受け手との、情報戦争なんです。

要するに、物事にはすべて裏と表があるんだ。

表か裏か、どちらに立つかによって景色がまったく逆に見えてしまうんです。

テレビ、新聞、雑誌で毎日流されるニュースだって、ある立場に立って提供されたものであって、裏から見るとまったく逆の話になる可能性も大いにあり得るんだから。

その典型的な例がこれだ。

佐川急便事件で平和堂の松沢という社長が逮捕された。

検察の取り調べを受けたわけだけど、彼は毎日の取り調べの詳細を六法全書に日記風のメモで書いていた、という。

それを読むかぎり検察は相当ひどい取り調べをやってるんです。このままいったら2年も3年もこんなところに入ってるんだぞ、と脅かし、ほとんど恐喝して事実ではない自供調書を作成している。そうしてデッチ上げの証拠を作り上げている。

この記事を読む人は、検察はひどいなぁと、誰もが思いますよ。僕も思った。

そこで、僕は、ある元検事に聞いてみた。

「あれはひどい、デッチ上げじゃないか。証拠を作り上げたねつ造じゃないか」と。そしたら彼は、こう答えた。

「違うんだ。ああいうことはよくやるんだ。腕のいい弁護士がつけば、差し入れの六法全書に検察のやり方がひどい、こんなひどいことをされたとメモしろと指示される。それで裁判が有利になるんだから」

つまり日記のほうがねつ造だというんです。今日の取り調べはメチャクチャやられた、みんな嘘の自供をさせられた、という風にねつ造して日記を書いていると。

弁護士は毎日、そのメモを読み、さらに指示を出す。もっとねつ造しろ、と。元検事は、そう説明して、こう言った。

「あれは弁護側が裁判に勝つための戦略的ねつ造シナリオだ」

どっちが本当なのかわからないね、これは。どちらを信用するのか、非常に難しい。

だからひとつの情報やひとつのニュースを見て判断するのはとても危険だ。

せっかく新聞も各紙、何種類もあるのだから、数種類読まなきゃいけない。たったひとつの情報源で判断するのは情報化社会ではとても怖いことなんだとまず認識することです。

不況の元凶が見えた

みんな、真実というものには弱い。最近、面白いことを聞いたけど、興信所に「私のことを調べて欲しい」と、依頼してくる客が多くなったというんだ。

「私の妻が最近、浮気してるんじゃないか、調べてくれ」というのならわかる。あるいは、自分の部下がよからぬことをやってるかもしれないから調査してくれと。

ところが、自分を調べてくれという。自己調査ですよ。

私は本当に妻に愛されてるんだろうか、調べて欲しい。あるいは、会社は私のことを必要としているんだろうか、いったい私はどうなるのか調べて欲しい――、真実はどうなんだ、と。

つまり、自分で自分のことがわからなくなっちゃった。そういう人が多いと思う、今の時代。しかし、これは間違ってる。

奥さんが、興信所に頼んだ事実を知ったら、これは離婚ですよ。こんな情けない男かと。会社の上司だって、そんな自信のない疑《うたぐ》り深い男はダメだと思いますよ。

人間の関係って男と女でも、あるときは別れようと思うこともあります。だけどやっぱり、いいところもあるし、妻から見ればあんなに働いているんだから、とか、やっぱりダメなところを愛している、なんて思うわけでしょう。

会社だって同じ。あんな男はクビだと、ある日は思うけど、あるときは一生懸命やってる、その頑張りを買おうと考えるんです。

つまり、人間の気持ちなんて誤解もふくめて複雑に交錯してるわけで、その時々の思いが接着剤になってつなぎ合ってるわけでしょう。そこの部分を調査するなんて、僕はある意味で非常に危険だと思う。

興信所に頼んで複雑に交錯している思いを、まるで偏差値みたいに、通信簿みたいに数字ではじき出したら、人間関係はみんな剥がれて、壊れますよ。

じつは、情報化社会の怖さは、こんなところにある。

真実を知りたいと思うあまり、何でも調査しようとするでしょう。調べたいと思い過ぎるんです、みんな。紙に書いたもの、情報に頼り過ぎるんです。

もっといえば、今、不況でしょう。

テレビ、新聞が不況だ、不況だとニュースを流す。なぜ不況なのか、その原因は？　と調査したり分析する。じつはそのニュースが、不況をあおる元凶なんだ。

たとえば、みんなが買うべきものをすでにみんな買ってしまったからもう消費は伸びないんだと。それを数字で示したり、学者、評論家が言う。

ちょっと前までは背広を持っていても新しい背広が欲しいと思った。古い背広を着ているのは恰好悪い、車も新しい車に買い替えるのがトレンディだと思ってた。それが豊かさだと。

ところが今はみんな持ってしまっている。それを新しい物に買い替えるのはダサい。ブランドに走るのは古いよ、とみんな書くでしょう。今やリサイクル時代だとか。

そうやって新聞やテレビで流すことで、ダサイというイメージが定着していく。するとどんどん買わなくなる。

要するに、不況の分析をすればするほど不況になる。新聞、雑誌、テレビが不況だとニュースを流せば流すほど、不況はより深刻になります。

これを情報のブーメラン現象、というんだけど、調べれば調べるほど、ニュースを流せば流すほど状況はどんどん悪くなる。

情報は、どんどん流れていくでしょう。その流れが、さらに大きな流れを作っていく。つまり、自分のところで情報を止めればいい。だけど多くの人は、情報通りに行動するでしょう。それによってさらに大きな流れを作ることになる。だから自分もその流れを作ってるという認識をもたなきゃダメだ。

だから僕は世の中の大きな流れには、いつも逆らったほうがいいと思っている。大きな流れが起こったときは極めて危ない時代だと僕は見ているからね。

ちょっと待てばわかる

流れに乗せられない方法は？

福沢諭吉は「議論本位」と言っている。

要するに、真理の独裁は危険だと。あるひとつのイデオロギーが素晴らしいぞ、と思うのは危険だと言ってるわけ。

資本主義がいい、共産主義がいいと、ひとつのイデオロギーに走るのではなく、むしろ何だかわからないけどガンガン議論する中にこそ真実が見えてくると。

僕もそう思う。『朝まで生テレビ!』のコンセプトは、「議論本位」。ガンガンやり合うことで何かが、真実が見えてくるんです。

だから何も議論されてない状態というのは、とても不健全だと思う。

たとえば、ある集団が誰かを教祖に仰いで、その教祖を素晴らしい、素晴らしいと言ってる人がいるとすれば、これは危ないと僕は思う。

会社も同じです。「それは違うんじゃないか」と議論し合える雰囲気のない会社は、やっぱり危ない。一連の金融スキャンダルのように証券、銀行の暴走は、とにかく儲けろで走った結果でしょう。

そしてね、佐川急便事件も大きな流れになった。

つまり、金丸信イコール悪党だと、議員辞めろコールがバッと出て、もう袋叩きですよ。

しかし、それまでの金丸さんは、個人的に僕はとても魅力的な政治家だと思ってた。今も思ってますよ。

というのは、ある政治家が本当に悪いかどうかは問題じゃなくて、その政治家が悪者というニュースが繰り返し流されることで、その政治家は悪者になってるわけでしょう。まさにブーメラン現象だと僕は思ってる。

日本人の面白いのは田中角栄のときがそうだったけど、しばらく経つと、いや田中角栄はじつはいいところもあったんだよと。そういう本が大ベストセラーになる。

だから、ニュースが流れてきたら、正しいか間違ってるか、イエスかノーかを簡単に判断しちゃダメだと思う。

ちょっと待てよ、と考える、あるいは話し合う、議論する姿勢が大事なんです。とくにあらゆる情報が色つきのこの情報化社会ではね。

たとえばテレビの討論番組で、頭のいい人が難しい言葉でゴマカそうとするでしょう。そのとき僕は、「ちょっと待って。僕はレベルが低いから、もうちょっとわかりやすい言葉で説明してよ」と、必ず議論を蒸し返して考えてもらう。

するとだいたい嘘がバレちゃう。この「ちょっと待てよ」と素朴に疑う姿勢が、ウソの見破り方なんだと、僕は思う。

※22　元東京佐川急便社長らによる特別背任事件。金丸信をはじめとして政治家への巨額献金が問題視された。

※23　金丸信。政治家。防衛庁長官、副総理、建設大臣などを歴任。〝政界のドン〟の異名をとった。

第9章

自分を生かす最終人脈

3分間の凄み

以前、利根川進[※24]さんと対談したことがある。

彼がノーベル賞をもらったのは、免疫の抗体の多様性の問題を遺伝子のレベルから解明するという、とにかく、そういうまさに画期的な研究に成功したためなんです。今、話したいのは利根川さんの研究の内容ではなく、彼の立場。

面白いのは、利根川さんはスイスのバーゼル研究所に所属していたのですが、その研究所では利根川さんと同じような観点で研究が進められていたのだと僕は思っていた。

少なくともその研究所の中で、利根川さんの研究は、いわばコンセンサスを得ているのだと、つまりそこではみんなと一緒にやっている研究だと思っていたのです。

ところが、彼の研究は当時世界の中では少数派で、さらに驚いたことには研究所のリーダーたちも、利根川さんとは正反対の立場にいたわけ。

互いに否定し合う関係、まるで、白と黒。

このバーゼル研究所のすごいところは、リーダーやほかの研究員たちが考えている学説、研究と逆のことをやろうとしている無名の人間を、研究員として迎え、そこで自由にやらせていることですよ。なおかつ、ある国際的な学会で利根川さんは、リーダーが自分の学説を発表する場で、リーダーとは正反対のレポートを発表する。

じつはその学会を取り仕切っているコーディネーターは世界的にも有名な学者だけど、この人も利根川さんとは反対の立場だった。その人が利根川さんに発表のＯＫを出した。お前、じゃ発表しろ、ただし３分だと。

それで彼は３分間しゃべりまくる。これが後に彼がノーベル賞をもらった研究の、公の場で発表する最初だったわけです。

リーダーと反対のことを、公然と発表する。そのためのチャンスを作る努力を一生懸命にやる。日本的に言えば、リーダーのメンツは丸潰れですよ。しかし、こうした批判できる空気、批判を許す環境があることがとても大事だと思う。

同じようなことが言えるのが、アメリカの民主主義。アメリカが、僕はとてもいい国だと思うのは、民主主義の国として２００年以上も続いていることでしょう。世界の国がアメリカの悪口を言いながらも、やっぱりデモクラシーといえばアメリカだと思っている。

なぜいいのか。あの国はずっと批判精神を持ち続けてきたからです。権力が徹底批判を許容し続けてきた。それが制度化してきた。

だから、ニクソン大統領が失脚したウォーターゲート事件なんかが起きるわけ。大スキャンダルだけど、それをあえて事件として白日のもとにさらけ出す勇気、努力、許容する社会、という良さがある。

逆にソ連の場合、崩壊してしまったけど、スターリンは死ぬまで批判されなかった。共産主義、ソ連がなぜよくなかったかといったら、批判できないシステムを作ってしまったからですよ。批判できないシステムというのはいちばん危険なシステムで、そういう組織は必ず崩壊、自滅していく。

では、日本ではどうか、日本は言論の自由、批判も自由にできる国だと思われている。しかし本当は、どうもそうじゃない。

人と正反対の目

たとえば、今企業でリストラという言葉が盛んに使われている。

しかし、どうも使い方が違うんだ。

リストラクチャーというのは、本来、再構築、つまり体制を立て直すことでしょう。それがリストラだ。

ところが、今のリストラは削減でしょう。首切り、内定取り消し、人員縮小でしょう。こんなものリストラなんかじゃない。ダウンサイズだ。言葉の使い方が違う。

どこかおかしい。なにが違うのか。

それを話していると長くなるので、たとえば、こう言うとどうだろう。最近はリストラが始まると管理職に削減要員をリストアップさせる。そして肩叩き。第一次が終わると第二次と次々に肩叩きされていく。

本当は、やっぱり肩叩きをしろと言われたときに、いったい、俺のやっていることはこれでいいのかと、わが社のやり方はいいのかと考えるべきでしょう。

ところがサラリーマンたちは自分でものを考えない習慣がついている。上から言われると、下手をすると競い合ってリストラのリストを出してしまう。リストをたくさん出すのがまるで会社に対しての忠誠心で、それによって自分の仕事をした気になる、もっと言えば偉くなれるとすら思う。

違うんだ、これは。次のリストに自分自身が載ってしまうものなんだよ。

利根川さんの場合とは逆なんだね。これは。

批判できない空気を自分たちで作ってしまっている。上の命令に迎合してリストラのリストをよりたくさん出すことを競うような社員ばかりじゃ、その会社は崩壊していく。なにをすべきか、だれも考えないいんだから。

自分の行動や考え方を、自分自身でチェックするのはとても難しいことなんです。でも、それができなきゃ、とんでもない方向に自分がはまり込んでいってしまう恐れがある。

セゾングループの堤清二[※25]さんも、こう言ってた。

「怖いですよ。批判精神、批判する目がなくなってゴマスリ合戦になると、180度反転して、会社の方針とは正反対のことをやってしまうんだ」

実はセゾンが大阪で大きなショッピング街を造った。

ところが関東資本の西武デパートのために街を造るとなると、関西の名店といわれるような店が参加しなくなる。西武デパートに頼っておんぶにだっこしてもらおうと、どうでもいいような店は参加しても、ほんとうに来て欲しい店は来ない。

そこで堤さんは、社員にこう言った。

「西武のためにやるんじゃない。街造りを成功させるには西武のことは忘れろ。極端に言えばその中心になるのは高島屋でもいいんだ」

そしたらショッピング街のオープンが近づいて広告、コマーシャルを打ちはじめたら、なんと『西武』という名前がまったく入っていなかったという。

「これはいったい、どういうことだ？」

と、堤さんが聞いたら、

「西武のことは忘れろとおっしゃいましたから」

これは、別に頭の悪い人の話じゃない。あるいは堤さんに反逆しているわけでもない。あまりにも堤清二というトップの意をくみ過ぎて、本来の目的からずれて、反転しちゃったわけだ。

批判精神がない、自分たちで考えようとしない集団というのは、こういうことになりがちなのね。だからいかに自分で自分を批判する目を作り、それを持続するかということが大事だと思う。

学者の世界もサラリーマンの世界も基本的に同じ。

組織にとっては、モノを考える人間がひとりでも多くいたほうがいい。

逆転の勘を養う

利根川さんの話に戻すと、研究でいちばん長く時間がかかるのは何かということを聞いたら、それは、失敗のために費やす時間だと。

仮説の立て方の失敗、そして実験の失敗、それに時間がかかる。失敗の時間がおそろしく長い。つまり学者にとっての研究、実験というのはほとんどが失敗なんだと。

僕は前に、運・鈍・根の話をしたけど、これと似ている。

失敗でくじけていたら成功はあり得ない。要領なんてだれでも悪いものなんだよ。粘り強く失敗を何度も繰り返しやっていくうちに成功があるわけでしょう。

それじゃ、失敗を繰り返していれば必ず成功がくるかというと、こないんだ、じつは。

利根川さんが言うには、一生、失敗を繰り返す科学者がむしろ多いというわけ。結局、失敗のまま人生を終えてしまうと。

なぜ一生、失敗で終わるか。

ここが大事なんだけども、いちばんの要因は、仮説が間違っていた場合。当たり前だ。間違った仮説で実験、研究を繰り返していたら永遠に失敗だ。

でも、そういう科学者が多いらしい。一度、こうではないかと思い込むと、それを自分で撤回、訂正することは容易なことじゃできない。多くの科学者が間違った仮説のままで一生、失敗を繰り返して死んでいく。

では、どこでどう軌道修正するのか。

これは、とても難しいことだ。軌道修正ばかりやっていてもダメなんです。ある軌道で実験を何度もやっていたら、本当は成功していたかもしれないのに、その前に軌道修正してしまったために永遠に成功にたどりつけないなんてことになる。つまり、軌道修正をし過ぎたら、いけないってことなんだ。

結局どうすればいいのかというと、利根川さんは、そこは勘だという。ここで翔べるんだね。そして、その勘を養うためには、できる限り世界の情報センターに近づくことだと。

学者で言えば最先端の研究をやっている仲間たちのなかに、いかに入るかということ。そこにはいろんな新しい情報がある。

新しい情報というのは、より正しい軌道に近いわけでしょう。それを持っているのはいろんな失敗を繰り返しながら新しい発見に近づいている連中なんですよ。ほんものに近づけ、というのはそういうことでしょう。

失敗を食い止める方法

そこで、もうひとつは人的ネットワーク、人とのつながり、人脈をどう作るかが大事だと。

サラリーマンが陥りやすいのは、ここ。会社の中の縦型の人脈だけで横に広がらないんです。あるいは狭い部署の気の合った仲間たちだけの人脈の中で生きてしまう。

これでは、どんな人間でも自分の考え、行動を自分で軌道修正、チェックするなんて、容易じゃない。

だから広い人脈、情報ネットワークをいかに持つかということが大事になってくる。

僕はリクルート事件が起きたとき、ソニーの盛田昭夫[※26]さんに会って、リクルートの江副さんの失敗の原因は何だろうと聞いた。

江副という人も、リクルートを大企業にして、第2のソニーにしたいと思った。ところが大失敗をした。もちろん、バブルの崩壊でリクルートほどではないにしろ多くの経営者が失敗した。

それじゃ、どうしてソニーは失敗しなかったのか、と僕は訊ねた。

すると盛田さんはこう言った。

「とにかくお目付け役をいっぱい作ったんですよ」

財界の口うるさい人。忙しい人はダメだから会長とか会長を退いた相談役のような人で、あの人はうるさい、あまり近づきたくないと周りに思われているような老人たちをたくさん顧問として頼んだというわけ。で、何かあるときにいちいちお伺いをたてて経営に生かしたというんです。口うるさい批判、耳に痛い批評を好きこのんで聞いたと言うんです。

たとえばバブルのときに財テクをやったほうがいいのか、やらないほうがいいのか。今になって財テクをやった奴はバカだと、本業に力を入れるのが筋だというけど、当時は財テクをやらないヤツは化石人間だなんて言われてた。そういうときに財界のうるさ型を顧問にして伺いをたてる。

若い人間にとって初めての経験でも、財界の長老たちは口はうるさいけれどもいろんな経験を積んでるから批判、批評がボンボン出る。
そうしたチェック機関、システムを自分で作ることが大事なんだ。

ところが多くの人間は、耳に痛い意見や批判を聞きたがらない。あるいは、聞くふりをして忍耐強いなんて思っている。全然生かさない。

たとえば私はこうやりたいんです、と言う。すると、お目付け役は、それは止めたほうがいいと言う。聞くだけ聞いて、それでもやってしまうというのは、人の意見を聞いたことにはならないよ、これは。ウソをついたことになる。

そうじゃなくて、止めろと言われたら、いや、私はやりたいのですが、と言い、その理由を述べる。どうですかと。そこでトコトン話し合って、その上で「私はやろうと思います」と、はっきり言わなきゃダメだね。

それを言わないで「わかりました」と言いながらやってしまうのは、これはウソついていることになる。お目付け役はいらないってことになる。

個人的にも同じことが言える。あいつは気に食わないな、俺に文句ばかり言っていると。そういう人間とあえてつき合うことで、自分というものをチェックできるものなんです。

自分にきびしく、というのはこういうことです。

人生を誤る考え

僕にとっての最大のチェック機関は、〝眼差しの重さ〟だと思っている。

僕のようないい加減な人間がなんとか生きていけるのは、友人とか家族をふくめた親しい人間に、つねに見られているという意識です。親しい、というのはキツイことを言ってくれるからね。

「あいつは最近ダメになった」とか「ゴマスリがうまくなった」と思われてはいないかと、そういう眼差しの重さが、大きな支えになっているんだと思う。

正直いって僕は、自分だけの良心とかモラル、倫理で生きていく自信がない。

やはり、友人や親しい人たちの眼差しが自分をチェックする力になっていると思う。僕の友人たちは僕の悪口を言わせたら辛辣《しんらつ》だから、とっても親しい人間が、雑誌なんかでボロクソに書いてる。

金丸信が自滅したでしょう。逮捕された。

そのとき僕は自民党の何人かの議員に「どう思うか？」と訊ねたら、誰も答えられなかった。つまり、頭が真っ白になっちゃったのね、その議員たちが。

これはじつは議員たちの問題だけじゃなくて、僕を含めたマスコミのジャーナリズムの問題でもある。

あの事件は何なのかと考えると、周りが寄ってたかって、金丸信というバケモノを作ったんだと思う。金丸信自身もそういう環境の中でバケモノになってしまった。これは、非常に怖いことなんだね、まさに裸の王様だ。

おそらく金丸信は政治家として、それなりにバランス感覚のある人間で、これはやってはいけない、これはやっていいと、そのハンドルさばき、勘はよかったんだと思う。そうでなきゃ、もっと前に潰れてしまっているよ。要領もよかったと思う。実力者になって、周りからチヤホヤされて、批判されることがなくなってしまったんだろうな……。

自民党が竹下派の一派支配になってしまった。はれものにさわるような状態になったんだ。

その意味で、自民党がソ連化してしまった。批判がなくなってしまった。要するに金丸信という政治家がバケモノになってしまったのは、彼が眼差しの重さを感じる友人が、いなくなってしまったということでしょう。

僕が人脈が大事だというのは、上下の関係じゃない人脈。ゴマをすらなきゃいけない人脈は逆に危ない。イヤなことを平気で言い合える、互いに批判精神を持ち続けられる人間関係を築くことが、人生を誤らない最善の方法だと思うね。

※24　生物学者。マサチューセッツ工科大学教授（生物学科、脳・認知科学科）。京都大学名誉博士。抗体に関わる遺伝子が変化することをつきとめ、ノーベル生理学・医学賞を受賞。

※25　実業家。西武鉄道取締役、京浜急行電鉄社外取締役、西武流通グループ（後のセゾングループ）代表などを歴任。

※26　実業家。ソニー創業者の一人。

第10章

NOの言える鉄壁の人間関係

断ることの意味

ある総選挙のときに僕は、共産党を除くほとんどの党の候補者から「推薦してほしい」と頼まれた。ポスターに『○○候補を推薦します。田原総一朗』と入れたい、あるいは、応援演説に来てくれと。でも、それは、すべて断ったんです。

ここで怖いのは、相手は、俺のことを田原は認めてないんじゃないかと、思われることです。

だから「仕事上の立場もあるし、一人やると全部やらなければいけない。同じ選挙区で何人からも頼まれることもある。しかも政党が違う。だからいっさい、推薦も応援演説もしないんです」と一所懸命説得する。相手を軽んじてるんじゃない、とこっちの姿勢、趣旨を必死で説明しなきゃいけない。

それでも、「わかりました。だけど私だけは頼みます。みんな断っても私だけは」と、食い下がってくる。必死ですからね、相手も。

さらに僕が断ると、

「ああ、そうですか。私のことをその程度にしか思っていなかったんですか！」と言われてしまう。信頼関係にヒビが入りかねない。

人から何かを頼まれて、断るということは、すごく難しいことなんだ。

田中角栄というある種、人間関係における天才が、若い国会議員や秘書たちに、言いきかせていた言葉がある。

「ものを頼まれて、断らないでやるときは返事は遅らせてもいいけど、断るときはていねいに、それも早くきちんと言え」

と。

普通、断ることは辛くて、イヤなことだから、ついつい返事を先延ばしにする。引き延ばして引き延ばして、向こうが諦めるのを待って、決定的な言葉を言わないで済ませようと思いがちなんです。

ところが相手からすれば、頼んでくる、人にものを頼むということは、とっても辛いことでしょう。人間は人に頭を下げることはあんまり楽しいことじゃない。

だから人にものを頼もうというときは、よほど思い切って、やむを得ず覚悟を決めて頼むわけでしょう。ほんとは頼みごとなんかしたくないのに……。

だから田中角栄は、こう言った。

「こちらが断りたいことであればあるほど、相手は頼みづらい。それを決心して思い悩んで頼んできてる。それを断るとすれば、その相手になるべく早く、きちんと、相手が納得できる理由を言って、誠意を示して断らなければいけない」

頼みごとをされたときに、この心掛けは、とても大事なことだと思う。

とくに政治の世界では、頼まれごとを断るのは、相当難しいことなんだ。

というのは、相手の頼みごとをどれだけ聞いてやったかが、ストレートに「政治力」に反映してくるからなんです。

いかに貸しを作っておくか――これが政界での力の蓄え方です。貸し借りのネットワークを、複雑に張りめぐらすことで人脈を作っていく。

イザというときに、ドッと返ってくる「貸し」がないと、誰も言うことを聞かない。人間関係のナマの姿ですね。これは一般の社会でも同じことが言える。

恐いのは、何かを頼まれて断る、ということは、その人間を支えているネットワーク、つまり人脈を破壊するということ。

「あいつは冷たい奴だ、頼りがいのない奴だ」

と、断られた人は誰かに言いますね。こうなると、相手との人間関係だけじゃなく、その傷が連鎖反応を起こして広がっていく可能性がある。

断るってことは、大きなリスクが伴うわけです。たとえそれがどんな頼まれごとであっても。

だから、できるだけ早く、相手が納得するまで必死でやる。自分の立場、そして誠意を相手にうまく伝えなきゃならない。頼み事には熱心でも頼まれ事を断るとき、わりあいにこの部分を人は軽く考えがちになるんです。

お金の話になると、さらに難しい問題になる。

僕もときどき金を貸してくれと頼まれることがあるけど、基本的に貸さないようにしている。以前、金を貸したことで人間関係を壊してしまった体験があります。

僕がまだ学生の頃、といってもすでに働いていたんだけど、田舎の友だちが遊びに来た。思い出話に花を咲かせて、帰り際に彼がこう言った。

「実は母が急病で帰らなきゃならない。でも給料日前なんで金がない。貸してくれないか」

３０００円でしたかね。当時十八才の僕の基本給が５０００円だったから、今にしてみたら10万円ぐらいかな。

もちろん僕はそんな大金持っていなかった。しかたなく僕の他の友人からなんとか借りてきて、貸したんです。ところが貸すときに、直感的に、なんか非常にイヤな感じがした。それで、しばらくたってから、悪いなと思いながらも彼が勤めている会社に電話した。そうしたら、

「実は問題があってクビにしまして……。まさかお金を貸すなんてことはしなかったでしょうね」

以来、彼との関係はプッツリと切れた。結果的に僕のところには借金だけが残って、それを返すのに何年もかかったわけです。

金を借りた人間からすれば、おそらくなかなか返しにくいんだと思う。その金額が大きければ大きいほど返しにくい。

期限が過ぎても、返してくれない、返せないというのは、お互いに嫌な思いをしてるんです。相手もこちらを避けるようになるし、逆にこっちはこっちで催促もしづらくなる。

他の用事でも電話1本かけづらくなって、相手も電話してこない。たまに会っても、目を合わせないようにしたり、ね。

よかれと思ってお金を貸したことが、結局人間関係を悪くしている。どうも金というのは難しいね。

難題のチェック機能を持て

架空取り引きなど、銀行、証券などの一連のスキャンダル事件で騒がれたバブル経済は、なぜ、起きたのか。

さらに、政界の汚職、不正、疑惑が、どういう構図で起きるのか？

僕は、基本的には、〝断り方〟にその原因があると思う。

つまり、相手から頼まれる、金を貸してくれとか、あるいはモノを提供してくれというだけじゃない。逆もある。

モノをくれようとする。金をくれようとする。

それを、どう断るか。頼まれること以上に、提供されることを断るほうが難しいと思う。

とくにある種の政治家が、金をくれるという。

それを断ることは、その人間との関係を拒否する、人間ネットワークを断ち切ることになる。まずこれが怖い。

いってみれば、政治家が、闇の金を渡す、渡されるというのは、つまり、罪の連帯、黒い連帯によって、より強い絆ができていくわけだ。

それを断ることは、向こうが提供した橋を叩き壊すことになるでしょう。

すると、その世界で生きたい、人間関係を大事にしたいと思ったら、そうした金の提供を拒絶することは、とても難しいことなんだと思う。

恐らく、金丸信の事件が起きて、「なんだ、あれは」と、みんな思った。

自分で金を集めて配り、そして貯めこんだりして、なんだと。

しかし、僕は日本の政治家、とくに自民党の政治家は似たりよったりのことをやってきたと思う。

金額は違う。

しかし、多くの政治家が、表に出せない金のやりとりを断れない関係を作ってきた。

黒い金の絆、罪の連帯が相互信頼の絆になる。そのネットワークが政治力、問題処理力の基盤になっていた。そして、それが次々に表面化してきた。これが今の状況です。

僕は、政治の世界だけではなく経済の世界の人とのつき合いもある。

すると、さまざまな誘惑があるんです。お金の誘惑もある。もちろん、僕は断りますよ。

ただジャーナリストというのは、とても危ない仕事で、長い塀の上を歩いているようなものなんでね。

たとえば、取材で、ある問題にどんどん切り込んでいく。

すると、ひとつ間違えば相手のプライバシーを傷つけることがある。ぎりぎりのことをやってるわけです。

その逆に、切り込めなかったら、ただの提灯《ちょうちん》持ちと言われてしまうかもしれない。

そのぎりぎりのところで生きていると、いわば、〝黒い団結〟の落とし穴にはまりかねない状況が出てくるんです。

「これは名刺代わりです。ビールでも飲んでください」とか「車代ですから」と、お金を提供されることがある。

これは、選挙の応援に来てくれ、と頼まれることを断るより、「これで一杯飲んでくれ」と言われたのを断るほうがはるかに難しい。

その場で断ったら、「じゃ、お前は俺の敵になるのか」という話になる。かといって、もちろん受け取れば、僕のジャーナリストという仕事は成り立たなくなる。

そこで大事なのが、チェック機能を持っているかどうか。自分の行動や判断を、どうやってチェックするかなんです。


三和銀行[※27]の頭取である渡辺滉さんに、銀行にとって一連のスキャンダルを引き起こしたバブルとは何だったのか、と聞いたことがある。

渡辺さんは面白いことを言った。

人間は、やっぱり不完全で、じつに弱いもので、間違いは必ずしでかすものだということを、あらためて思い知らされたというんです。

そして、どんなチェック機能を作って、システム的に整備しても、間違いは必ず起きるもんだと。

もっといえば、人間が真剣に取り組めば間違いは起こらないという考え方自体、間違いだという。どんなに注意しても、人間は不完全なもので、間違いは起こるんだ、と。

大事なことは、その間違いを犯したときに、それをいかに最小限度にくい止めるか、それしかないんだということです。

これは責任を回避しているんじゃない。僕も渡辺さんの言う通りだと思った。人間というのはあいまいで、いいかげんなものだから一生懸命に頑張ろうとするけど、やっぱり間違いをしでかす。

自分自身で一生懸命チェックしようと思うけども、それでも間違いが起こる。それが人間なんだ。

僕の場合、間違いをチェックするのは、濃密な人間関係なんだと思う。

つまり、友人たち、先輩や後輩、家族、そういう親しい人たちが、みんな僕を見ているわけだ。その眼差しが僕をチェックしている。

彼はどう思うかな。こんなことをやったらあいつに笑われるんじゃないかな。そういう人間関係が、最大のチェック機能として働くんだと僕は思っている。

たとえば、黒い金を受け取ることでできる人間関係と、それを断ることで持続できる人間関係と、どっちが大事なのか。どちらを選択するのか、ここが勝負所じゃないかな。

僕はもちろん後者を大事にする。

上司に言うべきこと

断るということで話をしてきたけど、じゃ、会社の命令、上司の命令はどうなのかと。これが実は問題だ。

これまでは軍隊と同じで「上官の命令は朕《ちん》の命令」。ハイ、とふたつ返事で突進する。そうでなきゃ、サラリーマンとしては落伍してしまう。窓際族になること必至だった。

だがバブルがはじけて、ちょっと様相が変わってきた。

上司の命令通り、あるいは上に気に入られるために、やみくもに突っ走った結果がバブルの暴走となってしまった。

スキャンダルがボロボロ出てきた。イケイケドンドンで、消費が伸びる一方という前提で、設備投資をやりまくって過剰設備になったとか。

そりゃ、会社や上司は、売れ、売って売りまくれ、というでしょう。それをノーと断ればいいという問題じゃない、これは。

しかし「はいはい、やります、やってみせます」と、上司の言うとおりにやれば、その上司は「素直でなかなかいい」と言いながら、「こいつはバカだな」と、どっかで思うものなんだ。

「こいつはせいぜい営業マンとして、言われたことをやってくるから、その程度には使えるけども、責任あるポジションにはおけないな」と、上司は考える。

言われたままではなく、上司の命令と自分とのあいだである種の格闘が必要なんです。

つまり、「言われたことは百やります」という社員ばかりだと、会社はどうなるか。

これがバブルだ。

みんなで暴走して、崩壊の道を進むだけでしょう。

雑誌作りだって、売るためには建前の、まじめ一本の話ばかりじゃダメだ。若い人たちに売るためには、女性のヌードも必要だと。遊びの部分がいる。そのバランスを取りながら本を作る。

ところが、売らんがためには、どんどん末梢《まっしょう》神経を刺激してやればいいと。そこを野放図にやっていけば、これは収拾のつかないポルノ雑誌になっちゃう。

そんなことは会社の上司たちもわかってはいる。

知っていながら、しかしもっと売りたいと、みんな、矛盾し、揺れているんです。そして売るためには煽《あお》れというかもしれない。

そのときに「ハイハイ」とやっているんでは、バカだと思われる。あるいは、それはできませんと、断るだけなのも、あれはダメだ、と烙印《らくいん》を押される。

つまり、上司の命令は、ただ聞けばよい、断ればいいという問題じゃない。

要するに、上司の命令と自分の考えの格闘、せめぎ合いをどこまでやるかだと思う。イエスかノーかだけではないんだ。

その格闘が大事なんであって、それがない人間は長い人生では結局信頼されないね――。

※27　大阪市中央区に本店を置いていた日本の都市銀行。2002年に愛知県に本店を置く東海銀行と合併しUFJ銀行（現：三菱UFJ銀行）となった。

第11章

生き方はふたつ

貸借対照表の思考

僕は何度か会ったが、田中角栄という政治家がいた。金権政治家といわれて、いろいろと非難された。

問題はいっぱいあるけど、彼は政治家として非常に優れた人物だった。貧しい家に育って、小学校卒業しただけだから、コネクションもあまりない。そんな男がどうして、首相になれたのか？　彼が好んで言った言葉がある。

「箱根山、カゴに乗る人、かつぐ人、そのまたワラジを作る人」

箱根の山を登るのにカゴに乗ってるようじゃダメだ。そのカゴをかつぐ人、そのまたワラジを作る人間にならんとダメだと。

一見、カゴに乗って箱根を越えたほうがラクなんだけども、人のために汗を流せ、縁の下の力持ちになれ、カゴをかつぐ、いやワラジを作り続ける生き方をしろと。つまり、自分が痛い思い、辛い思いをしろ、と言ってるわけ。

田中角栄の後を継いだ竹下登という政治家は、もっと単純明快に言ってる。

「汗は自分でかきましょう。手柄は人にあげましょう」と。

これ、ウソつけと、なに政治家がそんな調子のいいことを言って、汗は人に押しつけて手柄は自分が取るじゃないかと思うでしょう。でも、そうじゃない。わりに本気で言ってるわけ。

政治の世界は貸し借りの世界で、貸借対照表みたいなもの。

貸したものはみんな返ってくる。そして借りたものは返さなきゃならない。総裁選を争うようないざ勝負の場面なんかでね。

だからふだんは手柄を人にあげる。これは貸しておくみたいなものです。そういうものが全部、後から返ってくると。

逆にずっと汗を他人に押しつけて、手柄を自分で取ってたら、いざというとき誰も支援してくれない。助けてもくれない。

政治の世界だけではなく世の中というのは、こうした貸借対照表で動いているところがある。とくに傷つけられた記憶、恨みは絶対に忘れないものだね。

ところが若いころは、ここに気がつかない。無意識に、平気で、他人を傷つけてしまう。

つまり何がやってはいけないことで、何がやっていいことなのか、意外にわかってない。

今回は、その辺の話をしてみよう。

人生の裏切り

じつは、逆説的だけど、やっていいことだと思ってることが、意外に悪いことなんだ。もっと言えばやっていいと思ってることほど、やっちゃいけない。

というのは、誰でもそうだけども、自分が傷つくことは痛い。痛いから、これはやってはいけないことだとわかる。

たとえば受験で落ちれば自分が痛い思いをするから、落ちないように気をつける。

あるいは人に金を貸して、返されないと痛いので貸さなくしようとか、人に裏切られると自分が辛いから、裏切られないようにしようとか。誰でもそういうことは気をつける。

ところが人を裏切っても自分は痛くない。

金を借りたり相手をだましたり、他人を傷つけたりすることは自分は痛くないから、ついついやってしまう。これが怖い。

自分が傷つく、痛みを感じることは自分だけが感じることだから、自分が忘れれば、それでおしまいでしょう。ところが傷つけられた相手は忘れてくれない。

ところが若いときは、やっていいことと悪いことがわからないから、ついついちょっとした裏切りを平気でやってしまう。

本気の裏切りをするときには、それなりの覚悟をするのだが、ちょっとした裏切りや傷つけは、それと気づかずにやってしまう。

これが怖いんだ。

ボディーブローみたいなものでだんだん効いてきて、効いたとわかるときには決定的になる。


たとえば上司に「同僚の○○君、どう思う?」と聞かれると「あいつはダメです」と言ってしまう。こういうのはだいたい本人の耳に届くわけだね。

そのときに、「彼はなかなかいいですよ。けっこう細やかで気配りのできる男です」とでも言った場合、これも聞こえるんです。

だから、これは本人にはわからないだろうと思ってついつい傷つける。やりがちなんだよね。それは、傷つけられたほうは、絶対忘れない。

よく僕ら日本人は「水に流そう」というでしょう。ところが自分は水に流したって相手は流してくれない。たとえば韓国や中国から従軍慰安婦の問題とか、戦争責任問題を、何年たっても指摘されている。日本人は、古いことなんだからお互いに水に流そうよ、という気持ちかもしれないけれど、でも、こっちが勝手に水に流したって、相手は簡単に水に流してくれない。じつは人間関係っていうのはそういうものなんです。

実は損な生き方

非常に大雑把《おおざっぱ》にいうと、生き方というのは2つある。

世の中の流儀に合わせていく生き方と生きたいように生きる生き方。

世の中の流儀に自分を合わせるならば、これはやってはいけない、それはいいよと自分で考えないで済む。世の中のしきたり、慣習、流儀、それに合わせるんだから、一見ラクな生き方のように思える。

一方、自分の流儀で生きるのは世の中の流儀とたえずギクシャクが起こるわけで、とても生きにくい。一見、損な生き方だ。

しかし、世の中の流儀に合わせて生きていると、最後の所で大矛盾が起きる。いや、その前にズタズタになる。

学校でも、会社でも同じだけれど、組織に入ると、やっていいこと悪いことをいろいろ示してくれる。

朝は9時に来ること、ネクタイを締めること、上司にたてついてはいけない。何も発言しなくても会議には出ること。

そしてこうした事柄に合わせて、ハイ、ハイでやっていると、まあなんとか生きられる。そう思うでしょう？　だけどそこが大間違いなんだ。

自分の発想、感覚と違う流儀に合わせて、ハイ、ハイとやっていると、そのズレ、違いが、重なりが、ボディーブローのように効いてくる。

そして無理が重なると、ストレス、ノイローゼ、最後に過労死。燃えつき症候群、過剰適応症、いろいろあるが、とにかくダウンだ。

一見しんどくても、やはり組織や社会が押しつけてくる流儀を、自分流に選び直して、この仕事はだめだ、この職場はぼくには向いてない、ぼくはこんなことやりたくない、あんなことがやりたい――と選び直すことが大事なんだ。

最近では、企業のほうでも、従業員一人ひとりの物差しに企業のほうが合わせて、従業員の個性・特徴を生かすようにしようと転換している例が多い。そういう企業がだんだん増えてくるはずだ。

いちばんやってはいけないのは、この選び直す、自分のペースに巻き込む作業を放棄することだ。

諦めると、自分の人生に責任を持たなくなる。だから平気で裏切りをやってしまう。それに会社流儀に合わせ過ぎると、社会が、世の中が見えなくなってしまう。自分自身を裏切ってしまっているんだよ。こういう人間は実は大勢いる。

よく僕は怒るんだけど、飛行機とか新幹線に、たとえば社長とか偉い人と一緒にサラリーマンたちが乗ってる。その偉い人が席に座ってて、降りようとするときに、部下たちがダーッと偉い人を囲むようにガードする。通路を遮断してまで偉い人を通そうとするでしょう。後ろの客はえらい迷惑してるにもかかわらず、平気でやってる。

自分のいる組織の中で完結してるんだね。

それ以外の世界が見えない。だから外の世界に対して平気で裏切る、傷つける。こういうハンパ人間は怖いですよ。

挫折のパワー

「人生、諦めが肝心だ」というけど、それは違う。

今まで自分の過去の人生を見てると、僕は頭がよくないほうだし、何度も挫折をしてる。しかしひとつでもとりえがあるとすれば、諦めなかったことだと思う。

前にもいったけど、僕は高校を出るときに、滋賀県なんで近江商人の末裔だから、みんな滋賀大学の経済へ行く。それが普通だった。家が貧しかったし、そのコースからはずれて東京の私立大学へ行くなんていうのは暴挙だよ。

このとき僕は小説を書こうと思ってたんで早稲田に入ればいいと思ってた。卒業する気はまったくないわけだから、夜間に入って、昼間、交通公社に勤めた。JTBですね。それで、授業なんかほとんど出ないで同人雑誌をやってたわけ。

ところが、同人雑誌をいくつも歩いたけども、「お前はダメだ。どうみてもお前の文章はモノにならないよ、そのまま書くのは徒労だ」といわれて、どうしようと思った。

じゃ、もう1回チャレンジだ、と。小説がダメだから、どっかへ就職するかということ。何をやりたいかわからないけど、とにかく就職できる形を整えようと。

それでJTBをやめて、大学もやめて、もう1回昼間の学部を受け直した。

ところが今度は卒業になったら3年も遅れてるから、普通のところには就職できないね。結局、岩波映画という小さなプロダクションに入った。

今になって思うんだが、若い頃何度も挫折してよかったな、とつくづく感じる。

僕はスタートから、他の連中にものすごく遅れていたので、へんな競争意識がない。最初からひとりでトコトコと人生を走っている。

だから、おれ、何やりたいのか？　人生って何なのか？　とつねに考えなきゃならなかった。おれは何のために生きているのか？　とね。

だから、ひとつの会社でまとまらずにどんどん転職した。

「ここは違う」「これはおれのやりたいこととは違う」「ここで人生をまとめたくない」と、そう思った。人生をまとめる環境はあったけど、やりたいことを諦めないで、求めてきた。

今もまとめようなんて全然思ってないしね。

協調性の不幸

もちろん、選び直す作業をやっていくとギクシャクするから、ストレスもある。でもストレスというのは生きてる証《あかし》。ストレスがいやなら、寝てたほうがいいんだから。

勝手なもんだな。さっき組織の流儀に合わせ過ぎるとストレスがたまるといったけど、ストレスにもいいストレスと悪いストレスがあるんだ。勝手だね。

しかし、この勝手さが案外大事なんだ。

問題は自分にとってマイナスのストレスにするか、プラスのストレスにするかだね。

過労死は、マイナスのストレスが大きくなり過ぎた結果だと思う。いやだいやだと思いながら、仕方なくやっていく。押しつけられたルールにいやいや従っていくと、これはマイナスのストレスがたまるわけ。

僕は、膨大な作品を残して亡くなられた松本清張さんに、生前、二度ほどお会いしたことがある。

そのときに「そんなに仕事をしてどうして疲れないんですか?」とたずねたら、清張さんも僕のことをご存知で「あなただって仕事ばかりしてるじゃない」とからかわれちゃったけどね。

清張さんは、推理小説を書いて疲れると、邪馬台国、つまり古代史を書く。ちょうど、サラリーマンが休日にテニスするようなものなんだね。清張さんにとってはテニスが邪馬台国。また古代史に疲れると推理小説を書く。

それは、テニスをしたり水泳をしたりするよりもはるかに面白いよ、と言ってた。僕もそう思う。

原稿を書き、テレビにも出る。それ以外にもいろんな展開をしていくというのは、僕の中ではストレス解消になってる。

これは会社の中でもできると思う。選び直しの作業はね。

たとえば上のほうから「こういう企画をやれ」と言われたときに「それは違うんじゃないですか」とやり合う。それで自分の主張が通る。これはやっぱりストレスの解消になるよ。

ハイハイという優等生ばかりだと、逆に会社もストレスが大きくなって爆発する。

証券・銀行のスキャンダルがそうだ。

従業員たちが選び直してくれないので、会社が丸ごと大暴走してしまったんだ。

基本はやっぱり人生を諦めないってこと。

オレは何をしたいのか、オレは何のために生きてるのかを問い続ければ、自分流儀のやっていいこと悪いことがわかってくる。

第12章

マイペース頭脳

評判のいい奴は早死にする

だいぶ前になるが、『三世紀会』という集まりを取材した。これは1800年代に生まれた人たちが、19世紀を生き、20世紀を生き、21世紀まで、つまり3世紀を生き抜くぞという集まりなんです。

政界では岸信介さん、田中派の長老だった西村直己さん、財界でも小田急の安藤楢六さん、三菱重工の前の社長河野文彦さん、キッコーマンの茂木啓三郎さん、政治評論家の細川隆元さんもいた。

その『三世紀会』の集まりがあって、僕は取材に行った。えらくみんな元気なんで、「長生きの秘訣は何ですか？」と訊いたら、面白いことを言った。

「長生きしたい、健康になりたいっていうんで、一生懸命健康のことに気を遣っている奴は早く死ぬ。健康ストレスにやられてしまうんだ」と、断言した。

「ジョギングをやったり、何か健康にいいことをやったり、あれは食べてはいけない、これは体に悪いなんていう連中はみんな早く死ぬ」と言いながら、その三世紀会の連中は生肉を平然とむしゃむしゃ食ってた。当時、80数歳の連中が、ですよ。

つまり健康に気を遣うこともストレスの原因だというんだ。

さらにこんな言葉もポーンと飛び出してきた。

「評判のいい奴は早死にする。俺たち生き残っている奴はみんな評判が悪い」

これは悪い人間が長生きして、善人は早く死ぬという意味じゃない。彼らが言うには、評判のいいということは、つき合いがいいということであり、人に義理を立てることだと。今日飲みに行こう、ゴルフに行こう、マージャンをやろう、と誘われて、これを断れないようじゃ早く死ぬと。

つまり、つき合いをすると自分のペースじゃなくなってしまう。生活が相手のペースになってしまう。いろんな人とつき合うと、他人のペースに巻き込まれて、自分のペースを失ってしまうんです。人間はペースを失ったり、自分のフットワークを失い、体のリズムが狂ってくれば、ストレスが起きる。それで疲れる。早死にするね。

だから彼らは「義理は欠くもんだ。長生きする人間は、義理を欠くのがうまい。その代わり評判が悪いんだ」というわけ。

考えてみると僕もいちばんペースを狂わされるのは、やっぱりつき合い。

たとえば、もし誰かのパーティーに顔を出そうとしたら、毎晩になってしまう。間違いなく。だからAの人のパーティーに行ってBのは行かない、というのはBに悪いから、僕は全部行かないことにしている。よほどのことがない限り僕は全部断る。

もちろん、ごく親しい人間が会社をやめてフリーになるとかいう場合は行くこともある。あるいはお葬式。これは別ですけど、僕は基本的には義理を欠くことにしている。だから評判は悪いと思う。

それからもうひとつ、三世紀会の人たちが強調していたのは、「イヤなことは忘れることだ」というんです。

イヤなことを几帳面《きちょうめん》にいつまでもクヨクヨ覚えている。これも早死にのもとだと言うんだ。といっても、人がなんか文句を言ってるときに、ソッポを向いていたら、これは嫌われる。あまり嫌われても、悪口を言われるだけだから、それに耐えることになる。抵抗しなきゃならない。これまた疲れる。

だから人が文句を言うときには、ちゃんと聞いて、それで目の前からその人が去ったら、その瞬間に忘れるんだと。

これは長生きの秘訣であると同時に、人生を生きるコツだと思う。

つまり、健康を気にしない、義理を欠く、イヤなことは忘れろ、というのは、自分のペースで生きるということですよ。

マイペースのつくり方

生きるということは極端に言うと、人のペースに自分を合わせるか、自分のペースに人を合わせさせるか、この勝負だと思う。

人のペースに自分を合わせる生き方もある。それが好きな人はやってもいいと思う。

ただ、これは長続きしない。若い、頭の柔らかいときにはそれはできるけれど、だんだん年を重ねるうちに疲れてくる。

だから勝負は、いかに自分のペースに人を合わせさせるか、だね。自分のペースで生きれば、実は一生懸命生きても、疲れれば自然とスピードは落ちるんです。

逆に調子がよくなればスピードは上がる。

自分ひとりで走り続けるマラソンのようなものなんだ、人生は。

僕は自分で自分のことをラッキーだなと思っているんです。最初から落ちこぼれだった。まず大学に7年もいた。だから卒業するときに、本来同期の人間から3年遅れてた。卒業するときには、同期はすでに社会人4年目に入ってるわけだ。

そして、最初の就職、映画会社は3年半で辞めてしまった。その時点で、そこの同期入社組とも競争する必要もなくなった。

つまり、なまじっか同期の人間がいると、同期に負けまいとして、一生懸命走るでしょう。互いに負けまいとして、お互いに自分のペースより早く走ってしまう。

「あいつが早く走っているから、俺ももっと早くしなきゃ」と。

すると相手も、「あいつ、スピード上げたな」とスパートをかけたりするでしょう。悪循環になる。だから息切れしちゃって、倒れる、リタイアする。

僕は幸いなことに最初から脱落して、横を見ても誰もいないわけ。こんな楽なマラソンレースはないと思う。

僕は比較的主体性のない人間だし、頭も良くないから、同期がなまじっかいたら、彼らと無益な競争をやって疲れ果てたんじゃないかと思う。あるいは走り過ぎて、心臓がダメになったりね。

ところが幸いなことに周りに競争相手が誰もいなかった。初めから落ちこぼれてたから、無理に走る必要がない。最初からマイペースで走ればよかった。これが、僕がこの年になって、なおかつ走れている最大の原因ではないかと思う。

もちろん、自分のペースをつかむのは、とても難しいことです。僕もこう言えるようになるまではずいぶん悩んだ。

自分に手を抜いた人間

ニチイ[※28]というスーパーマーケットの社長、小林敏峯さんに会ったときに、彼は商売のペースをつかむのにずいぶん苦労したという話を聞いた。

ニチイは、スーパーマーケットから脱皮しようとしていた。小林さんは、そのとき、「値ごろ」という言葉を盛んに使った。これがニチイのコンセプトらしいんです。

「値ごろって何だ。なぜスーパーから脱皮するのか?」と訊くと、彼はこう言った。

これまでのスーパーは値段の安さで勝負してきた。

普通の専門店やデパートより安いことで勝負してきたわけでしょう。ところが東京にしても大阪にしてもスーパーはたくさんある。スーパー同士が値段の競争をしていくと、これ、いつかは必ず限界が来る。

最初は値段の競争をするために店を大きくする。大量仕入れをする。でも、相手も同じことをする。同じ相手と価格の競争をすることは、どこかに無理が生じる。

たとえば、メーカーを泣かせるか、問屋を泣かせるのか。あるいは従業員を低賃金で長時間労働でこき使って、従業員を泣かせるか。

これは長続きはしない。メーカーも問屋も、どんどん離れていく。従業員を泣かせたら3K産業だといって誰も来なくなる。

それでもスーパーは安いんだといって勝負しなければならないから、今度はバーゲンセール、大売り出しをやる。そのときに目玉商品を作る。洗剤だとかね。

これは赤字覚悟で安くして客を集めるわけ。集めて目玉以外の商品も買ってもらうことで、採算をとっていくやり方だ。ところがお客さんも気がつくよ。

実はバーゲンセールは目玉商品しか安くないんだと。他の商品は安くないよと。すると目玉商品だけを買って、他は買わないってことになる。すると、これは本当の出血です。

そこで考えた。どうも値段一本で勝負するのは先が見えているし、矛盾だ。行き着く先は地獄だと。

本当にお客さんは安いものだけを求めているのだろうか。

本当はそうじゃないのじゃないか。

実は、安さオンリーで勝負するというのは、客をよく見ていない商売なんじゃないか。一方的にスーパーが値段を下げて、これでもかこれでもかとお客さんを脅しているだけじゃないのか……。

本来、小売店はお客さんの欲しいものを置くところでしょう。

今はとくに、お客さんのニーズが多様化しているときに、安売りだけでいいのかと。

同じ靴下、あるいは下着でも色、柄、素材、高級品、いろいろある。お客さんの欲しいものは何も安いものだけとは限らないと。

客のニーズに合ったものを的確に置くことが、やっぱり小売業の基本ではないか。その上で、値段をいくらにするかというのは、むしろお客さんと相談だと。

値段というのはある意味で客とのコミュニケーションの道具なんだというわけ。

値段を手段にして客と店がコミュニケーションをする。その中で、このあたりがいちばんいいんだなと決める。これを「値ごろ」だというわけです。

これはある意味で、マイペースで走ろうということですよ。これまでは他のスーパーと比べて安売り、安売りで競争してきた結果、それは自滅の道だとわかった。共倒れするしかない。

そこで、いかに自分のペースでやるか、それが「値ごろ」というマイペースをつかむことになったわけでしょう。

実はニチイに限らず、不況の中で企業を取材していくと、もう一度、自分の会社の、わが商売はいったい何なのか、ということを考え直そうとしている会社が多くなってるんです。

たとえば証券業界でも株価が低迷していて、しかも出来高が決定的に少なかった。

これは投資家、つまり客たちの証券会社や株式市場への不信感、あるいは裏切られたという憤り《いきどお》が強まり、みんな株を買わなくなっているからだ。

なぜこんなことになってしまったのか。

バブルが弾けたということもある。しかしバブル時代に証券会社がともかく売り上げを上げる、シェアを伸ばすということだけに奔走して、客に株の押し込みを図ったことが原因だ。

これは、よく考えると、証券会社が売り上げを上げることに血まなこになる、必死になるということ自体が自滅への道だったんだ。

証券会社の売り上げというのは、株の買い替え手数料なんだ。株を売っても、客が買いっ放しじゃ全然儲からないわけです。客にはどんどん株を買い替えてもらわなきゃならない。

そこで、売り上げを上げるためには、株を買い替える回転速度を速めて、しかも、規模を大きくする必要がある。

回転速度を速めるために、株価をどんどん高くしなきゃならない。株価を上げるということはバブルを生み、それはいつか弾けてしまうものだ。

株価を吊り上げるというのは、自分の首を締めること――よく考えてみればわかることなんだけど、人間、そして企業というものは、得てしてこうした「視野狭窄《きょうさく》」に陥る。

利益を上げろというと、もうそれだけしか見えなくなる。安易な道に走って自滅してしまう。

視野狭窄に陥ったあげくに、バブルが弾けて、客の不信感がドーンと強まり、証券会社はそのしっぺ返しを受けたわけです。非常に苦い体験をした。

この体験の中で、証券会社がどこも客との関係、客と企業の関係について、基本の基本からもう一度作り直そうとしたんです。

自分たちはバブルの中で視野狭窄に陥ってしまい、客のニーズが見えなくなり、あるいは自分の商売が見えなくなり、社会というものが見えなくなって突っ走ってしまったと。

さっき言ったニチイの例もこれと同じ。目先のことばかり求めていると、最後には大矛盾が起きてしまう。


よく野球でピッチャーに〝肩の力を抜け〟という。自然体でいけということですね。肩に力が入り過ぎるというのはね、リキミ過ぎる、意識をし過ぎるということだ。そのため間違って力を入れてしまって、自分の力量や自分のやらなきゃいけないことがわからなくなり、空まわりしてしまう。

あるいは自分の置かれた状況すら判断できなくなる。つまりこれは視野狭窄でしょう。自然体になるということは、もっと視野を広くしろ、よく見ろということなんです。

僕がこの年になってもよく間違うのは、自然体になることと、手を抜くことの違いを、錯覚してしまうこと。
自然体になる、マイペースでいくことと、手を抜くことは正反対なんだ。
結局世の中、うまい話なんてのはない。
要領よくやろうとか、うまく立ち回るってのも、結果的に損している人が多いと思う。

※28　かつて存在していた総合スーパー。その後マイカルに社名変更し、西日本を中心に広く展開していたが、２０００年代初頭に経営破綻し、イオングループに吸収された。

第13章

表学と裏学

建前があるから本音が見える

「表と裏の使い分け」と言えば、日本の政治がまさに典型的だ。

その使い分けでやってきた。

たとえば表の政治が国会で、そこでは自民党と社会党[※29]がケンカばかりする。一方、舞台裏の密室では取引が行われる。

政治というのは、論理をつめて、ひとつの道筋を求めるものだけれど、日本の場合は裏舞台で取引の政治をやっているんだ。少なくとも、そうしてやってきた。

たとえば国会で、ある法案が問題になる。

そのときに、裏では「今度はうちの顔を立てて廃案にしてくれ」「そのかわり次の国会では、表向き反対と言いながら通るようにする」と、社会党と自民党が話し合うわけです。

もっと露骨なのは、乱闘国会ってあるでしょう。

つまり、ある委員会で自民党が横暴に強行採決に持ち込もうとするのを阻止しようと、ワーッと委員長のところに押しかける。自民党も委員長を守ろうとして押しかける。そこで乱闘になる。

ところが、これも全部、じつはシナリオができている。

何時何分に社会党のAという代議士が、ある言葉、セリフを言うからその言葉をキッカケにワッと委員長席に駈け寄れと。誰かが委員長につかみかかって殴ろうとする。その振り上げた腕を誰が抑えるか、すべて担当が決まってる。まるで歌舞伎ですよ、これは。

だから、こんな笑い話がある。といっても実話です。

ある委員会で社会党の代議士が、乱闘の合図になる言葉を言った。社会党の連中がバーッと行って委員長に殴りかかろうとしたら、止めるはずの人間がいなかった。

それでほんとに殴っちゃった。

しかも委員長のズボンを引っ張ったものだから、委員長はパンツ一丁になっちゃって。それでケガをして医務室にかつぎこまれた。

社会党がその後、自民党の幹部のところに謝りに行った。

そのときに、それにしてもなぜこんなことになったのか？　と幹部たちが首を傾げてしまった。

いろいろ調べてみたら、何時何分になったら乱闘が始まると打ち合わせをしていたけども、乱闘の合図になる言葉を口にする人物の時計が10分進んでいた。社会党はワッと行ったけど、自民党のボディーガード役は、まだ10分あるからと居眠りしていて、間に合わなくてほんとの乱闘になってしまったというんだ。


さて、ここからが問題。

なぜそういう国対政治、裏の政治が始まったのか？

それは、第一党の自民党、第二党の社会党がディスカッションをして物ごとを決めるんだけれど、じつは自民党と社会党というのは価値観がまったく違うわけ。

社会党は、かつては社会主義を目指してた。

社会主義を目指す政党にとって資本主義である国は混乱したほうが都合がいいわけです。つまり、社会生活が混乱していたほうがいい社会党と、安定して発展させようとする自民党とが、話し合って共通の答えなんか出るわけがない。相方とも、妥協点なんかあるはずがないんだ。

さっきも言ったけど、政治は本来論理をつめて、道筋を求めていくわけでしょう。それができない、妥協点がないから、密室での取引になるんです。

表側はケンカしておいて、裏側で妥協する。密室で内緒で妥協するのだから、これはやっぱりお金がかかるんです。

ここから国対政治が生まれてくる。

茶番劇だと言われようと、シナリオを作らなきゃいけないようになったわけ。

ところが社会党も、冷戦構造がなくなって社会主義なんて言ってられなくなった。建前が崩れてしまった。

というか、どっちが建前で、どっちが本音かわからなくなったわけです。表、裏がわからなくなってきた。すると、これは徹底的に話し合わなきゃいけない。

ところが、彼らは徹底的に話し合って物ごとを解決する習慣も体質もないものだから、詰めていく言葉もない。それが混乱の大きな原因だったんです。

バランスを越える感覚

じつは、個人レベルでも、これと同じだと思う。

建前と本音の使い分けをやっていると楽なんだ、一見すると。

だって表の顔と裏の顔を持っていれば、つじつまを合わせなくていいでしょう。整合性をもたなくてもいいわけだから。

逆に本音だけで勝負することの辛さは、つねに整合性がなきゃいけない。論理性といってもいい。それが一貫してなきゃいけない。そうじゃないと人間は信用されないからね。

それなら、どうして表と裏を使い分けるかといえば、ひとつは臆病だからだろうね。

つまり本音で勝負しても世の中に受け入れられないんじゃないか、拒否されるんじゃないか、自分はダメになるんじゃないかと、そうした恐怖心があるから、建前を出す。

怖いから社会に対するつき合いの表の顔を作ろうとするわけでしょう。

もっと言えば、本音だけで勝負すると、とても危険だ。リスクが高いからね。

たとえば、テレビの番組でも、現場の人間なら視聴者に媚《こ》びたような番組は作りたくない、志の高い、誇りを持てる番組を作りたい、と思いながら、しかし、そのことをストレートに言ったら上司に「バカじゃないか」「素人みたいなこと言うな」と怒られる。あるいはスタッフを外されてしまうでしょう。

だからとにかく視聴率を上げるために、あまりやりたくないこともやる。これはどの職場でも同じだと思うけれど、いやだなあ、と思っても、違うなあと思いながらも、上司に睨《にら》まれたくないために、ゴマすりしながらやってしまう。

しかしムリにやりたくないことばかりやっていると、ノイローゼになるよ、これは。建前だけで生きているとしんどい。だから本音・裏を作るわけでしょう。

赤提灯で課長や部長の陰口を叩き、悪酔いしながら飲む。

以前、女装クラブを取材したとき、そこにいた男は、ホモセクシャルではなくて、警察官とか暴走族とか、わりと男っぽい連中が多かった。

「どうしてだ？」

と聞いたら、つまり男の看板を張ってるからしんどいんだと。それで女装するのは、言ってみれば戦士の休息なんですね。ちょっと男の看板を下ろして、オネエ言葉でしゃべり合うと。

どっちが表でどっちが裏かわからないけど、とにかくそこでバランスをとってる。

人間というのは、僕自身そうだけど、弱い存在で、徹底的に整合性を持たせて表だけで生きていくのは難しい。

やろうと思っても、そう簡単にはできない。整合性を持たせたいと努力しながらも、できない――そうした矛盾を抱えているのが人間なんですね。

矛盾をできるだけなくしたい、と思っているんだけれど、それが辛いから、表と裏を使い分けるわけです。

だけどいくら表と裏を使い分けているようでも、じつは人から見ると丸見えだということをまず知っておくことだ。建物でも影を見たらその建物の形はだいたいわかるわけだし、その建物を見れば影がどういう形になるかもわかるでしょう。

上方の落語に『京の茶漬け』というのがある。

京都では、お客さんが帰る間際になってから、挨拶がわりに「まあ、もうお帰りですか？　お茶漬けでもいかがですか」と、引き止めるのが礼儀になっている。

そこで客側がその気になって、「じゃ、ご馳走になります」と言ったら、それは礼儀知らずと陰口される。

「結構です」と言って帰らなければならない。

それを落語では、どうしてもお茶漬けを食べてやろうと、その顛末《てんまつ》をおもしろおかしく語るのだけれども、これは、みんなが、お茶漬けでも一杯と言ってもお茶漬けをご馳走する気はないんだということを知ってるから成り立つ話ですよ。

こうなると表も裏もない。丸見えでしょう。

じつは、表と裏なんてのは、そういうものなんです。みんなわかってるんですよ。ゲームみたいなもの、文化といってもいい。

だから本人が、表と裏をうまく使い分けているようでも、みんな丸見えなの。

下手な人間がテニスをやっているようなものです。自分は一生懸命やっていて、結構うまくやっているつもりでも、周りから見たら、なんだ、あれは、とてもテニスじゃないぞ、なんか酔っ払いの踊りみたいなもんだぞと。

僕は、表と裏を一致させられる、一生懸命、整合性を持たせようとするその努力はとても大事だと思う。

しかし、努力しても一致させられない、表と裏ができてしまう。そこがまた面白いところなんだ。

僕はテレビの初期の時代から、現場で番組を作ってきた。

その頃の面白さというのは、いい加減な人間がいっぱい集まっていたことなんです。新聞記者になりたいと思ったけどなれなかった人間、芝居の演出家を目指したけど、挫折した人間。映画監督になろうと思ったけどなれなかった、あるいは小説家になりたかった人間。

そういう人間がテレビ番組を作るわけでしょう。すると映画であるかのようなテレビ番組や芝居もどき、ミュージカルもどきの番組になる。もどきの番組、だいたいニセモノというといい過ぎだけど、かなりいい加減だった。

しかし、そこに僕はテレビの優しさがあったのだと思う。

要するに「本物は何か」なんて言わないんです、誰も。みんな自分がニセモノだと思っているから「テレビとは何か」なんて追求しない。とにかくごった煮。その状態で模索していくわけ。

芝居のノウハウを借りたり、映画をもってきたり、いろんなものを借りてきて番組を作った。すると、窮屈じゃない。誰も「それはインチキだ」なんて言わない。なぜなら誰も自分を本物だと思ってないから。

「本物は何か」とか「これはニセモノだ」とか整合性を言いだしたら、しんどいですよ。それだけでエネルギーがなくなっちゃう。もっといえば、矛盾をかかえたいい加減さがテレビのしなやかさであり、エネルギーの源泉だったと思うんです。

矛盾の中のエネルギー、不完全さゆえのエネルギー、いい加減さゆえの面白さ。僕は、これが、わりあい好きなんだよね。

「無器用」流の強み

表と裏を持ってるやましさは自分が自覚しているから、人に対しても優しくなる。

自分に優しくて人にきついというのは、論外ですよ。

もちろん、裏と表があったほうがいいのか、ないほうがいいのかといえば、ないほうがいいと誰でも言いますよ。

つまり、裏と表は本当と嘘みたいな話ですから、「とんでもない」という話になる。

そりゃ、表と裏を一致させる努力は必要だ。

それに表と裏を使い分けたって人生はうまく渡れるわけではない。むしろ、使い分けないほうが人生をうまく渡れるんだ。

「あいつは不器用だけど真面目だ」と思われてるほうが、「あいつは裏と表を使い分けている」のより、はるかに信用される。


やっぱり世の中で偉いといわれている人物は、多かれ少なかれ整合性を持たせようと努力した人でしょう。

それはとても生きにくい、きつい人生を歩いたわけだから、そこをやり抜いた人だからこそ尊敬される。

繰り返すようだけど人間は基本的に矛盾した存在だから、その矛盾を抱えながら、なんとか整合性を持たせようと頑張っているわけでしょう。それは頑張らなきゃいけないし、その努力のない人間はほとんど信用されない。

つねに自分の中の矛盾とは戦っていかなきゃいけないものなんだね。

個人的にはそれでいい。

しかし、社会全体が絶対的な整合性を求める世の中になったら、これは怖い。

一生懸命にいい社会にしたいと思うし、整合性のある生き方をしたいと思うのはいい。

そういう努力は大事だと思うけども、それが行き過ぎるとイヤな世の中だと思う。

ちょっと嘘のつける余地、ちょっとズルのできる余裕のある社会でなければ、とても窮屈で怖い世の中になると思う。

つまり、みんながあまりにも整合性を求めるとどうなるか。

共産主義のソ連、ヒットラーのナチズムのような世界になると思う。

小さな嘘を許さないで徹底的に自己批判させて、気がついたら独裁者が大きな嘘をついていたと。

小さな嘘を許さない仕組みが大きな嘘をつくようになっていく。

だってソ連のいう現実の共産主義なんて大嘘でしょう。まるで金魚鉢のような社会でしょう。

小さな嘘、小さな矛盾を許さない仕組みは大嘘を作るし、大きな矛盾を作り上げるんだ。

これは怖いからね。

会社だって同じです。

小さな嘘、小さな裏切りを許さない会社なんていうのは、大きな嘘をつく独裁者とともに暴走して失敗する。だから「小さな成功、大きな間違い」といえるんじゃないかと思う。

それぞれの人間が自分たちがみんな矛盾を抱えている、ちょっとインチキもありますよと。タクシー代をちょっとごまかしたこともありますよと。

でもそこから逆に、他人の矛盾、裏表を認める優しさをまず持つことだと思う。

その上で、他人には求めないけども、自分は整合性のある生き方をしようと努力する。

そういう考え方が大事なんだと思う。

※29　日本社会党。かつて存在した政党。全日本自治団体労働組合、日本教職員組合等を中心とした日本労働組合総評議会が最大の支持基盤であった。

第14章

無器用に生きる

〝器〟の研究

最近会った大学の教授がおもしろいことを言っていた。

「今の学生は、もしかすると大へんに不幸なのかもしれない」と。

その教授によると、ゼミの学生たちが卒業が近くなると相談に来るという。そのうちの何人もが同じような悩みを抱えている。女性に対しての不安だというんです。どんな不安か。

言いよどむ学生たちに問うと彼らはささやくような小さな声で、こう言うらしい。

「自分のは、もしかしたら小さいんじゃないか。短小じゃないかと思うんですけど」

昔は先輩が後輩に、いろいろ具体的に教えてくれる時代があった。先輩がいて、後輩がいて、社会のひな形が作られていた。そのひな形の中で実際に社会に出る前に、いろいろ学習できたのだが、今の若い連中はそういう環境になくてかわいそうだと、こう言う。

確かに、たとえば戦前は「若衆宿」というものがあった。

村落ごとに組織された若者たちが、村の警備や祭りごとの段取りを話し合ったり、寝泊まりする場所なんだけど、そこでは社会のしきたり、慣習はもちろんのこと、誰かが「ちょっと毛がはえてきた」となると、自分の体がどう変化していくかということまで教えてくれた。

そのプロセスの変化を他人と見比べ人から教わることで、自分のはこんなもんだと納得したものなんだ。

ところが僕らは、ちょうど先輩からそういうことを教えられる頃、戦争に負けて、若衆宿のような社会のシステムが崩壊した。つまり先輩が後輩に、生き方について、そして社会とのつき合い方について教えてくれることはなくなったんだ。

そりゃ、若衆宿があった時代は、先輩たちが手とり足とり教えてくれて、それこそ自分のサイズについて悩む必要もない、そういう意味ではいい時代だったわけだ。

それが崩壊した今、どうすればいいのか。ないものはしょうがない。自分で試してみるしかないとなる。

たとえば自分の生き方について、どういう仕事が向いているのか。あるいは自分はどういう方向に進みたいのか。

先輩に教えてもらえば失敗することもあまりない。知識があるからね。ところが教えてもらえなくなると失敗する。失敗を繰り返していく。

ところがこの失敗の繰り返しっていうのは、決してムダではないんだ。そう悪いことじゃない。さらに言うなら、失敗の繰り返しが、結構人生を豊かにしてくれるものなんだ。それが自分のエネルギーになり、人生を生きていく自信にもなる。失敗を繰り返してきた僕としては、これはなかなか面白い生き方だといえる。

だから提案したい。失敗しなさいということを。

何をやりたいか、何に向いているのか、自分にどういう才能があるのか、あるいは自分のセールスポイントは何か——学校の先生や親たちは、いろいろ言ってくれます。でも、これじゃ、面白くない。それに人生の醍醐味は、失敗をして味わう、そして、それをバネにして奮い立つところにあるのでね。

この会社に入りなさいと言われて従えば、確かにはじめは失敗はないかもしれない。もっといっても失敗は少ないでしょう。でも実はそこで自分にとって大事なチャンス、大事な体験を逃すことになるかもしれない。

人生というのは、失敗することでしか得られない貴重なものがある。それを重ねていくことがエネルギーになり、創造力になる。

その失敗の量が、人間の「器」ということじゃないかと僕は思う。器というのは、失敗を重ねて大きくなっていくものだとすら言えると思う。

違う意見、違う人間から何を嗅ぎ取るか

僕は昔、作家になりたいと思った。それで同人雑誌をやる。もしあのとき友人や家族に「おまえは作家に向いてないよ」と、助言されていたら、僕はムダな同人雑誌をやるとか、小説を書くといった努力はしなかったと思う。

途中で挫折して作家を諦め、映画会社に入った。でもここでもうまくいかなかった……。

はじめ撮影部に入ってカメラの助手になったんだけど、僕はメカニズムに弱くてね。カメラを回すためにはバッテリーを使うんだけど、バッテリーとカメラをつなぐコードを忘れたり、フィルムをカメラに入れるのを忘れたりした。それで叱られる。

僕らの使ったカメラはフィルムが感光してしまうために、暗闇の中で装塡しなきゃなら

ないタイプだったんだけど、チェンジバックといってバックの中で装填したら、いざ本番のときに、カメラが動かなくなったり……。カメラ助手は半年でクビになってしまった。テレビのドラマのライターになろうとして何本も書いた。でも、芽が出なかった。

それぞれ一生懸命努力はしている。

僕は大した才能もないけど、怠け者ではない。だから努力するけどうまくいかなかったわけ。

努力すれば壁が突破できるかというと、僕の経験では多分できないと思う。あのときいくら一生懸命小説を書いていても、きっと作家としては成功しなかったと思う。努力すればなれるものでもないと思う。どれほどやっても突破できない。

「一念岩をも通す」というけど、通さないね。

それなら、努力はムダかというと、そうじゃない。

一生懸命努力して挫折する。挫折する中で「こっちじゃないな、こっちらしい」と、自分の得意な方向が見えてくる。これは挫折しないと見えてこない。

それでなんとか、得意な方向を嗅ぎ取ってきた自分の体験からすると、これは、人から教えられるものじゃないぞ、と。

親や先生は、銀行に入れとか、自動車会社に行けと、白か黒かというような物の言い方をするけど、どうも違う。

やってみたけどダメだったものでも、自分自身では、それに魅力を感じているわけです。逆に人から押しつけられるものは、無難ではあっても、本当に好きなものじゃない。

つまり得意なものは、失敗したもののすぐ近くにあるということになる。そこはかなり自信を持って言えるんだ。

だから得意を見つけるためには、失敗を繰り返さなきゃならない。


さらに言うと、失敗を経験することで人間的な深みも出てくる。自分の限界、ここでは俺はだめなんだということを学ぶわけです。

「これについては、他に才能のある奴がいるんだな」と、つまり、人の良さがわかってくる。

他人の良さがわかる、能力がわかる。もちろん他人のダメな所もわかる――これが人間の器というものだ。

器というのは、他人のこの点は、くやしいけど自分よりも優れているんだ、という経験を積み重ねることで広がっていくんだ。

リーダーというのは、自分が持っていない他人の能力を認め、察知し、それを生かすために使う。使う前に、自分と違う能力を許容しなきゃならない。

本当は「コンチクショウ」と思いながら。

コンチクショウと思うのも自分のエネルギーになるのだから重要なんだ。それらをいかに共存させ、生かしていくかがポイントでしょう。

変わることのない知恵はここにある

自分と違う能力を生かさなかったら自分の能力しか使えないわけだから、限界がある。異質な力を認め、それを積極的に取り入れることで、自分の能力の何倍ものボルテージを上げることができる。それをやるためには自分は黒子役になるしかないわけです。

やっぱりくやしさはあるだろう。しかしくやしさの中で他人を認めていく、これが器なんだろうと思うんです。

だから失敗を重ねるということは、自分の得意なものを探すことでもあるし、一方では自分の器を作っていくことなんだ。

失敗を体験せず、実感しないで、他人に教え込まれるのは不幸なことなんだとも言える。負け惜しみじゃなくて、僕らの世代は先輩を得られなかった。戦争に負けて、右も左もわからないまま社会に出ざるをえなかった。いきなり実践でね。

そこで、失敗を無残にも繰り返していく。くやしいな、と思う。でも、これは今にしてみたら、よかったと思う。

仮に帝王学などというものがあるとしたら、それはくそくらえだと思う。第一自分が納得しない。体験してないんだから。

よく二世が失敗するというのはそこだと思う。

西武の堤義明氏[※30]が「二世はむずかしい」と言ったことがある。

創業者はゼロから出発する。二世ができる頃は、つまり事業が成功している。

創業者の言うことに、従業員は素直に従うわけです。実績があるからね。ゼロから積み上げて、失敗を繰り返し、成功を重ねていくんです。

社長も従業員も一緒にやってきた同志で信頼関係がある。だから言うことを聞くわけだけど、同じ命令を二世がそのまま言ったら、まず反発する。

堤清二氏の場合は土台を固めるために、独立運動をする。

自分たちは西武デパートという、いわば植民地だ。つまり西武帝国に反乱を起こして、そこから独立するんだということで、みんなの結束を固めてやる気を起こさせようとしたんだ。


それに対して堤義明氏のほうは、まず最初の10年間は何もしなかった。死んだふりをしていたわけです。

その次の10年間は、実は何もしていないかのように見せかけた。しかし、実際は何もしていないんではなくて、新しい展開を進めていたんだ。

彼はとてもユニークな発想の持ち主で、いろんな計画なり発想があったんだけども、自分で考えたとは言わないで先代のやり方を踏襲しているんだと。先代の意向という言い方をしてきた。

いわば先代の中にもぐり込む形で、自分の独自性を発揮してきたわけです。

たとえば、細川元首相の先祖についても、これと同様の、巧妙なやり方をしている。

熊本の細川家の初代は、細川忠興で、これと言った強みのない外様大名だった。

熊本は、もともと加藤清正が築城し、城下町を開いて、結構成功していてそこへいわば二代目として細川家が移封されてきた。

移封されてくるというのは大変難しいことで、藩内の争いや一揆がよく起きて、それによって取り潰しされる例が少なくないわけです。

それを忠興が見事乗り切った。

その乗り切り方というのが、実に堤義明とよく似ている。

加藤清正は領民に大変好かれていて、領民は、清正にシンパシーを感じていたため、そこに移封されてきた細川に対しての感情は最悪だったんだ。

ひとつ間違えば、流血騒ぎが起きそうな気配があった。

そこで忠興は、熊本城に入城するときに、家来を城の外に待たせた。そして天守閣に入るときに、清正が作った石段に土下座してこう言ったと言われている。

「しばらくの間、お城を拝借させていただきます」

領民たちは、このひと言で参ってしまったんだね。

その後も、忠興は何をするにしても、清正の名前を前面に出したんです。たとえば新しく干拓するときも、治水工事をするときも、

「これは今は亡き清正公のご遺志である」

と言って進めていた。

実はこれは細川忠興の発想だった。設計図も彼が描いたんです。

だから、今、熊本には、あちこちに清正公の史跡や、彼がやったと言われている治水や干拓などがたくさんある。

しかし本当はそうじゃない。そのほとんどは細川家がやったことなんです。

こうして忠興は、清正公のご遺志と言ってやることで、二代目が受ける反発を見事に乗り切った。

つまり二代目の難しさと言うのは、失敗できないことなんです。これは創業二代目も細川忠興も同じだ。

創業者にもし器があるとしたら、やはりそれは失敗を重ねることで、作ってきたものだ。

二代目の不幸は、結局失敗を重ねる時間がないことです。そして、失敗ができないと言うことが、致命的失敗になってしまう。

よく、二代目はいいなという話になるけど、違うんだ。大変なんです。失敗が許されないから。

そういう意味で、二代目じゃない人は幸せです。失敗ができるということは、いいことなんです。どんどん失敗した方がいいんだ。

そこから知恵が生まれ、発想が生まれ、新しい発見が生まれるんだ。

※30　実業家。西武鉄道グループの元オーナー。父の堤康次郎は西武グループを一代で築き上げた。

おわりに

「パパの無器用さは、空気を読めないってところにも、表れてるよね」

この間、娘から言われた言葉です。

確かに私は空気を読めないところが、あるかもしれません。

「また、ネットで炎上しているよ」と家族に言われても、全く気にならない。

炎上に関して言えば、炎上しないより、炎上するほうがいいと思っている節もあります。

発言して無視されるより、騒がれるほうがずっといいじゃないですか。そこから、騒いでいる相手と議論ができれば、それがいちばん。

ただ、周りの人や番組に迷惑をかけるのは、申し訳ないと、そこはちゃんと反省しています。でも、それでも「言いたいことは、言ったほうがいい」。そこは変わらない。たぶん、この先も一生変わらないと思う。

多様性が大事、個性の時代といわれる割に、今は、世の中的に「やってはいけないこと」も、多くなっているんじゃないかな。SNSでの炎上なんか特にそう。「こう言わなきゃいけない」「これは言っちゃいけない」という同調圧力が強くなっている気がする。社会全体の空気が、ものすごく窮屈になってきた。

空気を読んでものを言わないと、その人だけでなく、社会全体がどんどん沈んでいきます。

権力や社会の圧力に屈することなく、言いたいことを言う。僕がそれを実践することは、言論の自由を守ることでもある。言論の自由を守ること、日本を戦争のできる国にしないこと、この2つは、僕が生きる意味でもあります。

今は、若い人も年配の人も、失敗を恐れすぎる人が多いように思う。でも、失敗しないこと、チャレンジしないことを続けていたら、逆に大失敗にぶち当たってしまったりする。

だから、無器用でいることを恐れない。迷うのも大賛成。才能がない、自信がない、それでいいじゃないか。と言いたい。器用になんて生きられなくていい。いや、器用に生きていたら、この世は面白くないんじゃないかな、と僕なんか思うんだよね。

それらぜんぶひっくるめて、自分を面白がって、なんでも面白がっていけたら、おめでたいかもしれないけど幸せだと思う。

一生は一度しかない。だからこそ、死ぬときに「生きていてよかった」と思える人生を送りたい。そのために、いくつになっても好きなことを見つけて、人と話して、好奇心を持って生きていけたらいい。そして、何歳からでも失敗していいんです。失敗したほうが生きている意味がある。失敗しながら、悩みながら、積極的に生きる。これが、生きることの醍醐味なんじゃないかな。

2023年12月　田原総一朗

編集協力　村上正樹・高比良育美
本文デザイン　浦郷和美
DTP　森の印刷屋

本書は、一九九四年に小社より刊行されたものに
一部加筆修正した新装版です。

青春新書
INTELLIGENCE

こころ涌き立つ「知」の冒険

いまを生きる

"青春新書"は昭和三一年に――若い日に常にあなたの心の友として、その糧となり実になる多様な知恵が、生きる指標として勇気と力になり、すぐに役立つ――をモットーに創刊された。

そして昭和三八年、新しい時代の気運の中で、新書"プレイブックス"にその役目のバトンを渡した。「人生を自由自在に活動《プレイ》する」のキャッチコピーのもと――すべてのうっ積を吹きとばし、自由闊達な活動力を培養し、勇気と自信を生み出す最も楽しいシリーズ――となった。

いまや、私たちはバブル経済崩壊後の混沌とした価値観のただ中にいる。その価値観は常に未曾有の変貌を見せ、社会は少子高齢化し、地球規模の環境問題等は解決の兆しを見せない。私たちはあらゆる不安と懐疑に対峙している。

本シリーズ"青春新書インテリジェンス"はまさに、この時代の欲求によってプレイブックスから分化・刊行された。それは即ち、「心の中に自らの青春の輝きを失わない旺盛な知力、活力への欲求」に他ならない。応えるべきキャッチコピーは「こころ涌き立つ"知"の冒険」である。

予測のつかない時代にあって、一人ひとりの足元を照らし出すシリーズでありたいと願う。青春出版社は本年創業五〇周年を迎えた。これはひとえに長年に亘る多くの読者の熱いご支持の賜物である。社員一同深く感謝し、より一層世の中に希望と勇気の明るい光を放つ書籍を出版すべく、鋭意志すものである。

平成一七年

刊行者　小澤源太郎

著者紹介

田原総一朗〈たはら そういちろう〉

ジャーナリスト。1934年滋賀県生まれ。早稲田大学文学部卒業後、岩波映画製作所に入社。そののち東京12チャンネル(現・テレビ東京)に入社。さまざまな番組制作に携わったのち、フリーに。1998年には、戦後の放送ジャーナリストを選ぶ城戸又一賞を受賞。『堂々と老いる』(毎日新聞出版)『日本の戦争』(小学館)ほか著書多数。

無器用《ぶきよう》を武器《ぶき》にしよう

青春新書
INTELLIGENCE

2024年1月15日　第1刷

著　者　田《た》原《はら》総《そう》一《いち》朗《ろう》

発行者　小澤源太郎

責任編集　株式会社プライム涌光

電話　編集部　03(3203)2850

発行所　東京都新宿区若松町12番1号
〒162-0056
株式会社青春出版社

電話　営業部　03(3207)1916　振替番号　00190-7-98602

印刷・中央精版印刷　製本・ナショナル製本

ISBN978-4-413-04687-9